A ARTE
DA SAÚDE
EXISTENCIAL
E AS FILOSOFIAS
JAPONESAS

A ARTE DA SAÚDE EXISTENCIAL E AS FILOSOFIAS JAPONESAS

KARINA OKAJIMA FUKUMITSU

LUCIANE PATRÍCIA YANO

Edições Loyola

Dados Internacionais de Catalogação na Publicação (CIP)
(Câmara Brasileira do Livro, SP, Brasil)

Fukumitsu, Karina Okajima
  A arte da saúde existencial e as filosofias japonesas / Karina Okajima Fukumitsu, Luciane Patrícia Yano. -- São Paulo : Edições Loyola, 2023. -- (Ser e conviver)
  Bibliografia.
  ISBN 978-65-5504-286-3
  1. Filosofia oriental 2. Psicologia existencial 3. Psicoterapia existencial 4. Saúde mental I. Yano, Luciane Patrícia. II. Título. III. Série.

23-164314
CDD-150.1

Índices para catálogo sistemático:
1. Saúde existencial : Psicologia   150.1
Eliane de Freitas Leite - Bibliotecária - CRB 8/8415

Preparação: Mônica Glasser
Capa: Ronaldo Hideo Inoue
  Composição a partir de detalhes das ilustrações de © marinakutukova e © elinacious sobre fundo de © Matthieu Tuffet, © Adobe Stock, tendo como ponto de partida o tema sugerido por Luciane Patrícia Yano. Fotos das autoras provenientes do arquivo pessoal.
Artes das páginas 14, 26, 44, 58, 70, 82, 88, 96, 102, 108: Lucas Sakai
Diagramação: Sowai Tam
Revisão: Fernanda Guerriero Antunes
  Tales Gubes Vaz

Edições Loyola Jesuítas
Rua 1822 n° 341 – Ipiranga
04216-000 São Paulo, SP
T 55 11 3385 8500/8501, 2063 4275
editorial@loyola.com.br
vendas@loyola.com.br
www.loyola.com.br

Todos os direitos reservados. Nenhuma parte desta obra pode ser reproduzida ou transmitida por qualquer forma e/ou quaisquer meios (eletrônico ou mecânico, incluindo fotocópia e gravação) ou arquivada em qualquer sistema ou banco de dados sem permissão escrita da Editora.

ISBN 978-65-5504-286-3

© EDIÇÕES LOYOLA, São Paulo, Brasil, 2023

AGRADECIMENTOS

Ao enraizamento nipônico, que nos tornou brasileiras que aceitam e respeitam as diferenças e honram suas histórias entrelaçadas entre Brasil e Japão.

SUMÁRIO

Apresentação 9

Capítulo 1
Xintoísmo
As almas em teia ecológica 15

Capítulo 2
Zen-budismo
Presença, meditação e conectividade 27

Capítulo 3
Wabi-sabi
A arte da imperfeição, da incompletude
e da impermanência 45

Capítulo 4
Cerimônia do chá
O caminho da busca no vazio 59

Capítulo 5
Os sentimentos *yugen* e *mono no aware*
A ampliação das experiências afetivas 71

Capítulo 6
Haiku
A epifania do aqui-agora 77

Capítulo 7
Os sentidos existenciais do *ikigai*
A existência significada nas ações com o outro 83

Capítulo 8
Kintsugi
A reinvenção estética da boa forma 89

Capítulo 9
Mottainai
Um olhar sobre o desperdício 97

Capítulo 10
Shōganai
O acolhimento daquilo que não se pode evitar 103

Capítulo 11
Tsurus
A história dos origamis de Sadako 109

Referências 117

APRESENTAÇÃO

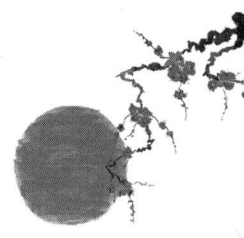

Este livro foi escrito por duas *nikkeis*, psicólogas, Gestalt-terapeutas, e representa, além de outras razões descritas a seguir, o resgate de nossas raízes, o fortalecimento de nossa história e a crença de que é possível desenvolver a saúde existencial. Ser *nikkei* (日系) – cujos ideogramas simbolizam a linhagem do sol nascente – é articular histórias permeadas de dores, travessias, harmonia e busca de equilíbrio e de esperança de continuar existencialmente. Essa integração, cuja transposição de fronteiras transcende o lugar territorial, permite que a distância nos reaproxime das nossas origens e de quem somos.

Dos enfrentamentos dos nossos antepassados à nossa constituição no aqui-agora, esta obra simboliza a reverência por algo que em potência reside em nosso ser: o *self*, que se forma a partir do fluxo da *awareness* e desvela nossas moradas existenciais. Além das raízes nipônicas, que aqui inexoravelmente resgatamos, temos em comum a vontade de trilhar o caminho da busca existencial. Nossa sincronicidade e nosso campo nos uniram. Tal conexão aprimorou a compreensão sobre as relações humanas e, consequentemente, sobre nosso trabalho como professoras e profissionais da saúde existencial.

A aproximação entre as filosofias japonesas e a psicologia tem registro desde o início do século passado e foi estabelecida por alguns nomes da psicologia, como William James, Shoma Morita, Adolf Adler, Carl Jung e Fritz Perls.

Na abordagem que escolhemos, a Gestalt-terapia, temos o zen-budismo como uma de suas influências. Contudo, pensar as filosofias japonesas é pensar em um campo bastante amplo, denso e, ao mesmo tempo, simples, no sentido da compreensão do mundo. Simples, mas não necessariamente fácil! A Gestalt-terapia abarca em seu corpo epistemológico uma importante influência das filosofias japonesas.

Além do zen-budismo, há outras filosofias japonesas, algumas derivadas do zen-budismo, que dialogam fluidamente com a Gestalt-terapia, mas são desconhecidas na literatura gestáltica. Sendo assim, a vivência do psicoterapeuta configura-se como uma ampliação constante da *awareness*, e o profissional da saúde é um ser sempre convidado a estar atento a si mesmo. A *awareness* e a qualidade de presença são posturas de vida, em parte, influenciadas pelos conhecimentos advindos do taoísmo (China) e do zen-budismo (Japão).

O taoísmo estimula a apreensão do mundo pela intuição. A intuição configura-se como paradoxal em nossa sociedade, pois, ao mesmo tempo que nos pertence, é banalizada pelo conhecimento dito estritamente científico-positivista. O taoísmo dá importância para a observação dos movimentos naturais que regem a vida, com ênfase no autoconhecimento e na autodescoberta, em detrimento do conhecimento de outrem, na compreensão e aceitação da polarização em certos eventos da vida que, em fluxo e refluxo, evidenciam o movimento cíclico da existência, pelo qual dor e alegria fazem parte do mesmo processo do viver.

O zen-budismo concebe a realidade como um reflexo que possibilita a fluidez, numa sequência intimamente conectada aos fenômenos da vida. O *zen* é presença e percepção da intersubjetividade. O aqui-agora, a percepção e o sentido das polaridades como paradoxos existenciais e a crença no potencial de crescimento humano são alguns dos pensamentos japoneses marcantes na Gestalt-terapia. Transcendendo a abordagem psicológica, percebe-se há anos um interesse crescente dos intelectuais ocidentais pelas filosofias japonesas. Atualmente, alguns conceitos japoneses são validados por pesquisadores como promotores de bem-estar. Portanto, trazemos neste livro conceitos utilizados no Japão, país com características xintoístas e zen-budistas.

Viver a filosofia zen-budista (e outras filosofias japonesas), ao contrário do que talvez possa parecer, é um desassossego, pela simplicidade que nos é convocada diante do desafio de estar abertos a um olhar do mundo – e isso inclui o mundo de nossos sentimentos, por outras perspectivas.

O título do livro, *A arte da saúde existencial e as filosofias japonesas*, expressa o acolher, do latim *acolligere* – recolher, receber, retirar. Nesse sentido, é preciso acolher nossas existências e quem somos. Isso revela o acolhimento de nossa ancestralidade e da história. Acolher requer "dar colo" para a maneira como podemos lidar diariamente com nosso existir.

Percebemos as interlocuções entre a saúde existencial e as filosofias japonesas como algo novo e sagrado, como uma arte a ser lapidada constantemente. Por esse motivo, demoramos quatro anos para concluir esta obra, pois saboreamos cada palavra e cada sentido que os capítulos nos ensinavam. A impressão que dava era que se tratava de um reencontro com nossas origens e conosco. Cada assunto escolhido cuidadosamente para compor este livro foi degustado, reverenciado e acolhido em nossos corações e nos permitiu enraizar nossa história. Não queríamos nada feito "a toque de caixa", mas sim decidimos por nos ofertar acolhimento em forma de tempo *kairós*, um tempo como se estivéssemos enaltecendo cada aqui-agora que tivemos a oportunidade de experienciar na manufatura desta trajetória de interlocuções.

Partimos da expressão de nossas emoções para nossas cocriações em toda nossa ecologia relacional. Recolhemo-nos e nos reconectamos conosco e com nossa essência. *Re-colher* é *re-tirar* de um campo algo que talvez estivesse lá adormecido e que, aqui, convida-nos a perceber o que nos rodeia, o que está em nós, o que é mar em nossa humanidade. Além disso, *re--conectar*, *re-assumir* e *resgatar-se* não é tarefa fácil. Nesse sentido, percebemos a necessidade de nos acolher diariamente para que o acolhimento se torne hábito.

Apresentamos, então, onze filosofias japonesas: xintoísmo, zen-budismo, *wabi-sabi*, cerimônia do chá, os sentimentos *yugen* e *mono no aware*, *haiku*, os sentidos existenciais do *ikigai*, *kintsugi*, *mottainai*, *shōganai* e *tsurus*. Todos os conceitos aqui desenvolvidos foram considerados como "filosofias", no sentido de que influenciam nossa maneira de viver e facilitam nossas formas de autoexpressão e ampliação de nossa comunicação com os outros; e, quanto à apresentação delas aqui, seguimos a romanização modificada para o método Hepburn[1]. Essas filosofias configuram-se heterogêneas, em razão de que a cultura *Wa* (paz e harmonia), que se refere às coisas que designam o Japão, recebeu influências de outros povos, especialmente da remota civilização regional chinesa (ROGER, 2002). Estabelecemos um entrelaçamento com a psicologia e convidamos a olhar por uma perspectiva do acolhimento: a nós, ao outro, ao mundo. Assim, objetivamos com este livro a ampliação das formas de promoção da saúde existencial e de bem-estar por meio das articulações com as filosofias japonesas.

A arte esplendorosa de Lucas Sakai está presente antes de cada capítulo por acreditarmos que este livro vai além das palavras e que a representação, em forma de arte, faz-se presente na vida.

Em reverência *Okagesama* (お陰様 – gratidão pelas sombras), agradecemos a alguém ou às pessoas que se configuram como desenvolvimentos anteriores e que nos possibilitaram ser aqui acolhidos e repercutir a nós e aos nipo-descendentes, ao povo japonês. Reverenciamos nossos antepassados e todos os seres humanos que contribuíram para o desenvolvimento da saúde existencial.

No sentido de *Kyousei* (共生 – coexistir), invocamos neste momento, profundamente, o ecológico, articulando a arte do acolhimento e da saúde existencial.

Kansha (感謝) – Com gratidão,
Karina e Patrícia

---

1. Método desenvolvido por James Curtis Hepburn para transcrição dos sons da língua japonesa ao alfabeto romano. (N. da R.)

CAPÍTULO I

XINTOÍSMO
AS ALMAS EM
TEIA ECOLÓGICA

A realidade sagrada revelada pela intuição religiosa-estética – experiência e sensibilidade –, e não por palavras ou escrituras (EVANS, 2014, 49).

No Japão há duas religiões coexistentes: xintoísmo e zen-budismo. Contudo, ao perguntarmos a um cidadão japonês qual a religião do país, é provável que ele não saiba responder ou diga que não há religião no Japão. Essa postura está ligada à atitude dos japoneses em relação às suas práticas religiosas, que diferem das práticas dominantes no Ocidente. No Japão, o xintoísmo e o zen-budismo estão presentes na maneira como o cotidiano é apreendido e vivido.

A palavra *xinto* significa "caminho de deus". Aqui, *kami* (lido como "xin"), traduzido como deus, com "d" minúsculo, refere-se aos espíritos ou divindades presentes em todas as coisas, e caminho (*to*), às filosofias práticas envolvidas. Antes da chegada do budismo ao Japão, não havia uma denominação formal do *xinto*, e assim, em paralelo com o budismo, ou "caminho de Buda", *xinto* foi considerado "caminho de deus" no século XVI, a fim de que fosse feita a distinção das duas práticas. O *xinto*, portanto, é a denominação do conjunto de práticas e rituais com base nas crenças e no senso comum do Japão, e que remonta a sua antiguidade pela influência da população nativa do país (HARTZ, 2009; PICKEN, 1994).

O mais antigo registro do xintoísmo como caminho de deus tem origem na era do imperador Yomei (586-587). Os sentimentos religiosos no xintoísmo originam-se da percepção da natureza ou *DaishiZen*, que se refere a uma Grande Natureza, um espaço metafísico que expressa a vida espiritual, física e todo o mundo (PICKEN, 1994).

Aprofundando o conceito de *kami* (deus), poderíamos pensar o Japão como um país politeísta. Contudo, *kami* expressa a essência de cada fenômeno dotado de uma aura ou divindade, de tudo aquilo que inspira um senso de maravilhamento e admiração, que lhe confere natureza divina, ou seja, pedras, animais, árvores, lugares e cada pessoa tem uma natureza *kami*.

Picken (1994) cita o fenomenologista da religião Rudolf Otto, que descreve um tremendo e fascinante mistério na compreensão do conceito de *kami*. Já para Davies (2016), *kami* é o ser superior a cada coisa ou que está acima de tudo, e para o qual nosso coração é dirigido em estado de sinceridade e retidão no caminho da purificação física e espiritual.

O *xinto* pode ser visto como um fenômeno experiencial e existencial, como um caminho de experiência, de ser-no--mundo-com-a-natureza-e-com-os-outros, com um objetivo sagrado; é também um apelo à emoção, em que a sacralidade não transcende o mundo natural, mas vive e é vivida no mundo natural.

Como forma de ser-no-mundo, o *xinto* não se trata de conversão religiosa, em que o ser-com-o-outro se sobrepõe ao crer-em-alguma-coisa. A compreensão da fenomenologia do *xinto* relaciona-se à experiência humana do sagrado diante da angústia de meramente existir (EVANS, 2014).

Evans (2014) apresenta que, no *xinto*, o senso de pertencimento ao mundo se dá pela experiência de um existencialismo religioso, com raízes na psicologia profunda, em que o *kami* possui o sentido de despertar e ser despertado em relação ao mundo natural, misterioso, novo e maravilhoso, por meio da qualidade das coisas que evocam emoção. O *xinto* convoca, assim, ao maravilhamento pelas coisas que existem no mundo como experiência sagrada.

Os mitos e os *kamis* possuem no xintoísmo um papel importante, influenciando nas práticas culturais, nas datas comemorativas, nas superstições e nos ritos de passagem no Japão. Das divindades, Amaterasu, a deusa Sol, considerada amável, gloriosa e criativa, é a que está na mitologia da criação do território japonês, chamado assim de "Terra do Sol Nascente". Um aspecto importante sobre os mitos no xintoísmo é a compreensão dos japoneses de que eles são "mitos" – histórias do imaginário. Os *kamis* vêm em pares: o xintoísmo percebe o desejo de inclusão dos elementos e a reconciliação de diferenças, perceptíveis nos pares de *kamis* que representam as polaridades que integram o mundo. Os *kamis* nascem e morrem e alguns deles possuem sepulturas.

No xintoísmo não há um livro sagrado, mas sim tradições, como os festivais, ou *matsuris*, que variam em regiões no Japão. Não se concebe que sejamos filhos de *kami*, mas sim descendentes dessas divindades no *DaishiZen*.

Considera-se o *xinto* como um caminho – uma vez que consiste em práticas que contêm motivações e sentimentos associados à consciência do sagrado no *DaishiZen*. Um caminho misterioso, sem causas e efeitos formulados, mas com uma forte ideia de conectividade da vida como um todo. Quem sente o sagrado nessa conectividade, nessa teia relacional que une todas as coisas, conhece o divino, uma vez que *kami* está em toda a natureza, ou no *DaishiZen*.

Picken (1994) descreve os valores éticos que compõem o caminho de deus no xintoísmo: *makoto* (sinceridade) e *tadashii* (honestidade). *Makoto* possui o sentido de autenticidade, genuinidade, pureza e concretude, enquanto *tadashii* representa o que é correto, apropriado e certo. O sagrado em nossas práticas está em nossas ações e, nesse caminho, sinceridade e honestidade constituem as práticas divinas presentes no humano.

Compreender o xintoísmo pela visão do Ocidente é desafiador, uma vez que ele não oferece soluções para as questões do mundo e imputa ao humano a responsabilidade pelo seu caminho, por meio de suas ações. O xintoísmo não tem teodiceia[1] nem reforça a exclusividade em suas práticas. Para Picken (1994), o xintoísmo é a principal fonte da compreensão para o estilo de vida dos japoneses, com esforço no que é capturado e não no que é ensinado, no perceber e não nas crenças, no sentir e não em pensar sobre algo.

Os rituais xintoístas demonstram experiências que podem ser compreendidas como religiosas, tal como participar de festivais sazonais. Contudo, o ritual de experienciar a escalada de uma montanha e contemplar a paisagem de seu topo pode ser mais purificador e misterioso, pois nos coloca diante da energia da vida, ou *ki*.

O santuário xintoísta é chamado de *jinja* e seu portal de entrada, *torii*. Lembra Hartz (2009), contudo, que o santuário não é um prédio, mas um espaço específico; assim, é possível que alguns santuários sejam espaço de extrema beleza natural. *Torii* é o marcador de um santuário, o portal de entrada.

A adoração feita nesses espaços lembra práticas animistas primitivas e xamanistas (PICKEN, 1994).

A descrição de Fantz (1998) sobre o aqui-agora revela o momento presente, em interlocução com o xintoísmo, como um santuário; o aqui-agora integrado às nossas "prisões existenciais" que atravessam períodos de escuridão e luz: a luz dos passados e

---

1. Teodiceia: doutrina, tratado sobre a justiça de Deus (DICIONÁRIO PRIBERAM DA LÍNGUA PORTUGUESA, 2008-2021).

dos futuros moldados com o tecido de nossa história e com um material menos substancial, feito de nossos desejos e vontades. Esses últimos, por sua vez, foram fiados a partir de nossos momentos vividos, das pessoas que impactaram as nossas vidas e da massa perceptiva composta de todas as coisas lidas, escutadas, vistas e sentidas. Mesmo errando mil vezes, não devemos nos acostumar a esmorecer.

O denso aqui-agora, com muitas partes irrefletidas das coisas que têm sido e das coisas que serão, está integrado e nos lembra do santuário, da experiência sagrada de existir.

A ideia de conexão é marcante no xintoísmo. *Musubi* (vínculo, conexão, laço) é uma ideia sobre como estamos em uma grande teia relacional, em uma coletiva espontaneidade. São exemplos de *musubi* a prática de dizer *"itadakimasu"* antes de comer, expressando reverência a cada elemento da rede relacional contido naquele alimento que está sendo recebido, compreendendo que tudo aquilo que veio antes tem um *kami*: o arroz, a chuva, a semente, o agricultor, o motorista, o feirante... Outro exemplo é o termo comumente traduzido para a língua portuguesa como "Graças a Deus", mas que possui outro sentido: é o *okagesama* ou "grato pela sombra ou abrigo", que expressa o reconhecimento de que algo antes de nós contribuiu para a sombra de que hoje usufruímos; fala de uma energia anterior a nós, a quem se é grato.

Interlocuções e discussão

Vimos que, na religião xintoísta, *xinto* é o caminho de deus expresso na compreensão de *kami* como presente em todas as coisas, rios, cachoeiras, montanhas (RICE, 2004) e na coexistência de pessoas, natureza e deus. Essa percepção afeta o comportamento dos japoneses, que compreendem a importância da participação ativa na natureza, e não somente na observação dela. Cada aspecto da existência pode ser observado como movimento natural e ecológico. Assim como na Gestalt-terapia, a visão holística apresenta o homem como parte atuante na natureza e, nesse sentido, tudo nela nos afeta e é por nós afetado. O *hito*, homem ou pessoa em japonês, é um homem reinventado, um vir-a-ser, como na compreensão heideggeriana de *Dasein* (FUJISAWA, 1959). Nesse sentido, aprender a enxergar a vida com outros olhares é aprender a ressignificar percepções, refletir sobre as introjeções que se tornam disfuncionais.

Há o divino que habita em nós. Inspirar-se com o que nossos sentidos absorvem é ampliação das formas de interagir com o mundo.

A luz e a escuridão do passado nos moldaram com o tecido de nossa história e com um material menos substancial, feito de nossos anseios e vontades. Ao mesmo tempo, a luz e a escuridão do futuro nos ajudarão a continuar em nossa travessia.

Escuridão pela incerteza do que nos acontecerá e luz pela possibilidade vindoura. Sendo assim, fluidez e espontaneidade se fazem presentes nessa interlocução, sobretudo porque "nós não olhamos mais o mundo em termos de causa e efeito: olhamos o mundo como um processo contínuo em andamento" (PERLS, 1977a, 68).

Pedimos que o artista Lucas Sakai desenhasse o portal *torii* para endossar que somos portais. Somos abertura e fechamento. Então, qual seria o mistério da formação e do fechamento de situações inacabadas? Pensamos que seria a própria conexão com o humano, humanidade e existência pela qual o sagrado se encontra no mistério da conectividade da vida como um todo. Nesse sentido, é preciso reverenciar a experiência no aqui-agora, ou, nas palavras de Perls (1977a, 69),

> estas são as duas bases sobre as quais a Gestalt-terapia caminha: aqui e como. A essência da teoria da Gestalt-terapia está na compreensão destas duas palavras. Agora engloba tudo o que existe. O passado já foi e o futuro ainda não é. Agora inclui o equilíbrio de estar aqui, é o experienciar, o envolvimento, o fenômeno, a consciência. Como engloba tudo o que é estrutura, comportamento, tudo o que realmente está acontecendo – o processo. Todo resto é irrelevante – computar, aprender, e assim por diante.

Vimos que sinceridade e honestidade são os valores éticos a preservar e a desenvolver. Sinceridade (*makoto*) está atrelada à autenticidade. Para ser autêntico é preciso amadurecer. "Amadurecer é transcender ao apoio ambiental para o autoapoio" (Perls, 1977a, 49).

Compreender um estilo de vida direcionando o esforço para respeitar o que é capturado por meio dos sentidos é arte e tarefa árdua. Conectar-se com

nossos sentimentos, sobretudo os considerados por nós e pela sociedade como não agradáveis, tais como raiva, tristeza, desejo de vingança, inveja, ciúmes, medo etc., requer a aceitação de que somos humanos e que, por esse motivo, nossas emo-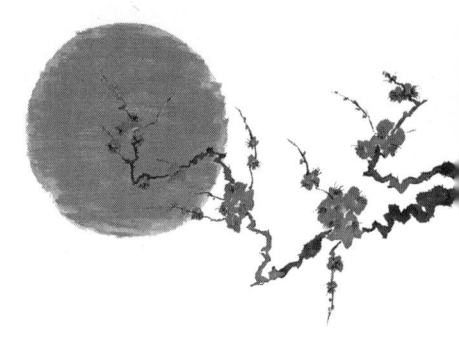
ções são dignas de ser sentidas, respeitadas e integradas a outras mais confortáveis de sentir. Toda emoção é reação afetiva, resposta da conexão com o mundo e das relações interpessoais. No livro *Saúde existencial: educaDores em busca dos recomeços de uma pura vida*, Fukumitsu (2022, 57) aponta que é preciso "saber e conhecer primeiro nossas emoções para que, depois, possamos apenas senti-las, respeitando-as". Nessa direção, como toda emoção é reação, e não ação, devemos compreendê-la como efêmera ou, nas palavras de Fukumitsu (2022, 36), como "apenas estados efêmeros e transitórios. Sendo assim, o sofrimento emerge justamente nesse momento que existe a confusão entre *aquilo que sinto* e a *direção tomada*".

É fato que sentimos e pensamos, mas o importante é identificarmos que somos além de nossas emoções transitórias. Somos fluxo contínuo de ampliação de aprendizagens e percepções que se constituem além do que nossa cognição pode captar – como propõe o xintoísmo, a partir do que foi apresentado neste capítulo. Em outras palavras, é possível amadurecer quando nos permitimos aceitar a realidade tal como ela se apresenta, compreendendo que nada do que nos acontece é em vão e que existe um portal existencial que nos leva a viver da única maneira como podemos. Agindo e reagindo, podemos ganhar a espontaneidade de crescer, sabendo que, quando se deseja ter o controle das situações, nada acontece de fato. Será preciso, então, reconhecer e ajustar-se ao que nos é apresentado diariamente, assumindo que cada dia é um dia diferente (e, em alguns momentos, cada minuto deve ser entendido como um minuto diferente também) e que devemos ampliar o discernimento entre o que sentimos e o que percebemos, pois, na prática, a integração não é fácil. Aliás, amadurecer não é nada fácil, pois implica integração constante entre nossa forma de agir e de reagir constantemente às intempéries da vida e aprender a retomar a conexão perdida a partir dos processos estressores que insistem em desvirtuar nossos caminhos e que trazem o sentimento de que, se perdemos, perderemos para sempre. Como ensina Remen (1998, 86):

> Todos nós estamos aqui com um único objetivo: crescer em sabedoria e aprender a amar mais. Podemos conseguir isso por meio da perda ou do ganho, por ter ou não ter, por alcançar êxito ou falhar. Tudo o que precisamos fazer é comparecer às aulas com o coração aberto.

Em detrimento da aprendizagem passiva de ser ensinados, poderemos manter atitude proativa para aprendermos. Em vez de explicar e apenas perceber, somos convidados a compreender, contemplar e a nos conectar com as reflexões que surgem a partir do enriquecimento do contato e da ampliação da *awareness*. Dessa forma, nossa proposta é a de "comparecer às aulas com o coração aberto", como a citação supramencionada, e aprendermos a lição que se tornará nossa missão existencial. Aprender a lição exige a conduta de se tornar um *educaDor*, aqueles que educam as dores. Em outras palavras, profissionais da saúde e da educação, pais e mestres, filhos e aprendizes e pessoas que se interessam pela jornada da conquista da saúde existencial (FUKUMITSU, 2022, 10).

Um mimo-lembrete para você:

Maravilhe-se pelas coisas que existem no mundo, como uma experiência sagrada.

CAPÍTULO 2

ZEN-BUDISMO
PRESENÇA, MEDITAÇÃO E CONECTIVIDADE

> Este corpo é a árvore Bodhi (da Sabedoria). A alma é como um espelho brilhante; tome cuidado para mantê-lo sempre limpo e não deixe nenhuma poeira se acumular sobre ele (SUZUKI, 1964, 20).

A presença do zen-budismo na psicologia, mais especificamente na Gestalt-terapia, é significativa. Nos EUA, o *zen* cresceu na contracultura na mesma época do surgimento da Gestalt-terapia. Segundo Ginger e Ginger (1995), é em grande parte devido às influências das religiões orientais que a Gestalt-terapia pode ser definida como uma arte e uma filosofia de vida.

Essa influência ocorreu a partir das articulações de outros pensamentos, não se sabendo com exatidão de onde cada conceito se originou:

> O que importa não é descobrir de qual mina fora extraída uma pedra preciosa, mas se ela encontrou seu lugar no colar: é a coerência e não a origem das técnicas que constituem o valor dos métodos (GINGER; GINGER, 1995, 83).

Sinay (1997) fala que a apresentação do *zen* a Fritz Perls partiu de Paul Weisz. Na cidade de Kyoto, no Japão, nas cinco montanhas, há um monastério *zen* chamado "Daitoku-ji", local onde Sen no Rikyū (1521-1591) – autor que sistematizou a cerimônia do chá (SUZUKI, 1959) – estudou o zen-budismo. Foi nesse mesmo monastério que, em 1962, Fritz Perls passou dois meses e então apontou que a *awareness* é o mesmo que a iluminação no *zen* (MOMOTAKE, 2018). A prática meditativa ou atenção plena no trabalho de Fritz Perls está relacionada à Terapia da Concentração que ele desenvolveu anteriormente à Gestalt-terapia.

Do taoísmo, uma correlação significativa do *zen*: ao não interferir na ordem natural da realidade, clama-se por uma função espontânea, a confiança na autorregulação. Watts (1997 apud DAVIES, 2016) descreveu o zen-budismo como uma extensão do taoísmo, uma vez que este teve grande influência na escola de budismo Mahayana na China, chamada de "Ch'na", que posteriormente se tornou o *zen* no Japão. A forma japonesa *zen*, associada aos samurais, assim como o taoísmo, aprecia as vantagens do vazio (DAVIES, 2016). A verdadeira essência é incomunicável – a *satori*, ou iluminação, é a experiência imediata e espiritual de paz para contato com essa essência.

No zen-budismo, o universo é compreendido como o único em interdependência com o todo: cada elemento e comportamento é causador e causa no todo. Cada ser humano está em mudança constante tanto em seus elementos físicos quanto psicológicos. A iluminação consiste na dissolução do ego, o que resulta na dissolução das dualidades. E, com a dissolução do ego, o olhar torna-se mais vívido. O sofrimento emerge da ilusão de uma personalidade controlável, com fronteiras e resultados, ignorando a espontaneidade da fluidez de tudo o que há na natureza (BLACKSTONE; JOSIPOVIC, 1986).

Há muitas expressões do zen-budismo presentes na cultura japonesa. O zen-budismo é uma ramificação do budismo original indiano e foi introduzido no Japão por Eisai (1141-1215), que trouxe textos da China para o país. O zen-budismo, pelo *Rinzai Zen*, era cultivado pela prática da meditação e pelo estudo dos *koans* (dispositivos pedagógicos), promovendo um aprendizado intuitivo sobre a existência (MATSUNAMI, 2004).

Atualmente, há três escolas do zen-budismo no Japão: *Rinzai-shu*, *Soto-shu* e *Obaku-shu* (NIPÔNICA, 2011). No entanto, nesta obra focaremos apenas duas delas: a *Soto Zen* e a *Rinzai Zen*, por considerarmos as principais para os propósitos do desenvolvimento da saúde existencial, especialmente a *Soto Zen*, que mais se conecta ao conceito de *awareness* como fluxo contínuo. Em outras palavras, a *Rinzai* tem propósito, objetivo. A *Soto* é a do aqui-agora.

A *Soto Zen* foi introduzida no Japão por Dōgen Kigen (1200-1253) e compreende que todos somos intrinsecamente iluminados e, nesse sentido, não precisamos buscar iluminação, mas sim viver continuamente o aqui-agora, meditando por meditar, sem esperar nada: ao meditar, apenas medite; ao ficar no presente, apenas fique. A iluminação na escola *Soto Zen* é percebida como um retorno ao estado original ou resgate da nossa inocência. Os *koans* são utilizados como experimentos e não objetivam encontrar uma "moral da história", por exemplo. Já na escola *Rinzai Zen*, utilizam-se dos *koans* a fim de meditar sobre eles. Nesse caminho, o objetivo principal é alcançar a *satori*, ou iluminação.

Um *Koan Mu* (無) insere-se num sentido muito mais amplo que sua tradução, que sugere o nada. *Mu* exprime a transcendência da dualidade, do bem e do mal, do certo e do errado, e a própria compreensão sobre o *Mu*, num estado de abertura para a iluminação. O uso de *koans*, neste caso o *Koan Mu*, proporciona o caminho da purificação pelo desapego de nossos hábitos, opiniões e preconceitos (TARRANT, 1997; BLACKSTONE; JOSIPOVIC, 1986).

No Japão há ritos de passagem como a celebração do ano-novo, a celebração dos equinócios de primavera e outono, a *hana matsuri* (celebração das flores em homenagem ao nascimento de Gautama Buddha) e o *Obon* (festividade que dura quatro dias, quando os espíritos dos ancestrais chegam para fazer visitas). Proveniente da tradição budista Bodhidharma da China, o zen-budismo influenciou o comportamento, o pensamento e a estética do Japão.

Percebe-se a importância do esforço no zen-budismo: pontualidade, disciplina, autocontrole e força de vontade integram o treinamento que influenciou a ordem dos samurais (HERRIGEL, 2010). Na construção de nossa maturidade no olhar para as coisas, descreve o autor:

Quando tudo isso for dominado com maestria, então se evidenciará uma elevação: paisagens, campos floridos, rebanhos e multidões de pessoas poderão ser apreendidos pelo olhar, de tal maneira que, apesar da floresta, ainda se vejam árvores; todavia, na diluição de seu conteúdo real, permanece ainda em cada ser individual o caráter do todo, e esse todo é apreendido como se fosse um imenso resumo (HERRIGEL, 2010, 27).

Herrigel (2010) diz que no *zen* não há centralização do ser humano – na ecologia, o homem é visto como semelhante aos demais seres: "Para o zen-budista, além da vida humana, tudo o que existe vive: vivem os animais, as plantas, as pedras, a terra, o ar, o fogo e a água; simplesmente, tudo isso vive no centro do Ser, sem abandoná-lo e sem o poder de fazê-lo" (HERRIGEL, 2010, 18). O homem que quiser resgatar-se deve voltar ao caminho do qual se afastou, em um retorno à sua inocência. O autor cita a "volta ao lar" ou "a casa da verdade" (HERRIGEL, 2010, 18), o restabelecimento de um estado perdido. A conduta ética apresenta-se como o meio para esse regresso à nossa inocência ou às coisas mesmas.

Destacamos o papel da experiência do silêncio e da solidão.

> Silêncio! Abandone as ideias e se entregue à existência. Sem medo da morte. Sem medo da vida. Chore e ria. Perceba o que há dentro e fora de você. Há dentro, há fora? Quem criou a aurora? Redescubra a fé. O que é? (COEN, 2018, 106).

A literatura zen-budista está mais relacionada à poesia do que à filosofia, pois os *koans* encontram-se em maior afinidade com o sentimento do que com o intelecto (SUZUKI, 1964). O caminho *zen* é o do aprender fazendo: totalmente experiencial (BLACKSTONE; JOSIPOVIC, 1986). *Zazen* – sentar em meditação. A aprendizagem vem dos sentidos. Aqui vemos como a interlocução com a psicologia é marcante e mais expressiva no experienciar como caminho da Gestalt-terapia. E, assim como diz a frase de autoria desconhecida, "Caminha que a vida te encontra", será a partir do caminho que descobriremos mais coisas sobre nós.

Na arte japonesa, no teatro *No* ou *Kabuki*, o silêncio é a base que mantém atento o espectador, seja pelo movimento, seja pelo não movimento. Na arte *kabuki*, há um silêncio que tudo comunica. O horror do vazio (*horror vacui*) não compõe a pintura *zen*. Na estética do horror ao vazio, presente em variadas formas de arte, todos os espaços vazios são preenchidos por medo do nada, do tédio, da solidão. Podemos relacionar a estética do horror ao vazio como uma fuga ante o silêncio atemorizador: na existência, o excesso, o barulho e a inquietação pela evitação do vazio são análogos aos estados de ansiedade. Já no *zen*, o vazio é venerável, representando a vida original que, de tão abundante, não pode ser reduzida a uma forma, senão vista num vazio de infinitudes (HERRIGEL, 2010). O vazio no *zen* não é passivo nem monótono: o silenciar é mais valioso que as palavras.

> [...] ele busca e encontra a solidão, não em lugares distantes e tranquilos, mas criando-a a partir de si próprio; a solidão se espalha em torno dele, onde quer que se encontre, pois ele a ama. Neste silêncio, lentamente, ele amadurece. O silêncio é extraordinariamente importante para o desenvolvimento da evolução interior (HERRIGEL, 2010, 53).

O zen-budismo apresenta-se como uma prática filosófica e meditativa que busca a diversidade, e não o apego a uma verdade absoluta, pois acredita que o ser humano possui em si mesmo uma natureza intrínseca que lhe é peculiar. Para encontrar nossa natureza fundamental é preciso despir-se dos invólucros do ego. Esse processo de desapego do ego é feito pelo caminho de uma concentração espiritual, e sua técnica é o *kata*, ou forma, que expressa uma forma de viver. O zen-budismo se expressa nas práticas das artes marciais, na pintura, nos *haikus*, no arranjo das flores (*ikebana*), no teatro *No* e na cerâmica (BLACKSTONE; JOSIPOVIC, 1986), na cerimônia do chá, na disposição dos arranjos florais, na arte e no *do*, ou caminho, para que contatemos nossa natureza intrínseca/fundamental ou *self* verdadeiro (SOKYU apud NIPÔNICA, 2011). *Do*, ou caminho, está presente nas artes marciais. Um exemplo de *do* é o caratê ou *karatedo*, bem como o *jyu jutsudo* ou *aikido*. A filosofia da não confrontação está presente nesses caminhos das artes marciais. O *karatedo*, por exemplo, chama-se "caminho das mãos vazias" (GALEF, 1987).

O *satori*, equivalente à iluminação, descreve o contato com o *self* verdadeiro e é possibilitado por um momento de desconexão do passado e do futuro, no aqui-agora efêmero, para que possamos alcançar nossa natureza. Essa presença no aqui-agora é vivenciada por meio de disciplina. Podemos pensar que cada prática meditativa, ou de atenção focada plena no aqui-agora, equivale a mini-*satoris*. No zen-budismo, a descoberta do *self* verdadeiro está em olhar, criativamente, para a situação presente e assim caminhar na construção do futuro. Essa criatividade é um criar intuitivo, instintivo, no aqui-agora (NIPÔNICA, 2011). "As coisas, por conseguinte, são, desde sua origem, contempladas e, simultaneamente, compreendidas pelo Ser que nelas se manifesta" (HERRIGEL, 2010, 36).

As expressões do zen-budismo, como dito anteriormente, estão em vários caminhos. Os jardins japoneses expressam um deles. Em Kyoto, um jardim de pedras no pavilhão de ouro do templo Ryoanji apresenta duas janelas: uma delas é a janela do despertar espiritual ou *satori no mado*, representando a mente livre das obsessões; e a outra, retangular, é chamada de "janela da perplexidade" – do estar perdido, ou *mayoi no mado*, representando a mente capturada pelo sofrimento do nascimento, do envelhecimento, do adoecimento e da morte (SHIN-ICHI apud NIPÔNICA, 2011). Um outro aspecto da paisagem natural está na comunicação do Monte Fuji no Japão: várias províncias japonesas estão imersas e/ou orbitando o monte adormecido. Esse monte comunica aos residentes sua grandeza e natureza bela e destruidora. Hoje recolhido, um dia ele pode despertar! O Monte Fuji é uma potente expressão das limitações humanas e das fragilidades como parte da vida natural; um convite ao exercício de humildade e desapego do ego, ante o literalmente gigantesco fenômeno da natureza em nossa interdependência.

O budismo, como o "deixar que os seres sejam", é congruente com o pensamento heideggeriano e apresenta uma alternativa de ecologia profunda contra o pensamento antropocêntrico e dualístico, característico da crise ambiental atual (ZIMMERMAN, 2006). Considerando que a humanidade busca sentido, propósitos, valores, parece justificar assim qualquer coisa que faz com o ambiente, com os ideais de um privilégio de que tem posse, tais como conceitos de mente, masculino, razão em domínio sobre o corpo, o sentimento, o feminino (ZIMMERMAN, 2006). A ansiedade que emerge ante o vazio é perturbadora. O *zen*, pelo *satori*, envolve olhar para o nada e permitir, pelo fenômeno autoluminoso, encontrar nossa substância, origem ou destino.

Todos os espaços físicos têm potencial para ser espaços meditativos e promotores de bem-estar, partindo de nossas reflexões. Podemos exemplificar também outros espaços meditativos, como a concentração na respiração e na alimentação. Na alimentação, um caminho apresentado num programa da emissora estatal NHK Internacional sugere que, quando for comer, apenas coma. Em contato com o alimento, (1) imagine de onde e como o alimento se originou; (2) viva uma vida digna desse alimento; (3) permaneça em postura de humildade enquanto come; (4) alimente-se com o propósito de se manter vivo; e (5) sinta o alimento tornando-se parte de você (NHK, 2023). A alimentação é uma expressão exemplar de nossa ecologia. A alimentação, cheia de sentidos, é o resultado de uma longa cadeia de investimentos e sacrifícios para nos manter vivos e a ela integrados, o que, em atenção plena, nos convoca a uma postura de reverência, e não desperdício dos esforços e sacrifícios que a ela estão integrados.

Hidemine (apud NIPÔNICA, 2011) cita as distrações do mundo em atitudes categorizadoras. Os nossos "inimigos" são como truques da mente para nos distrair do aqui-agora. Nas artes marciais, o caminho zen-budista considera que o outro, o inimigo, é parte de nós mesmos na teia relacional.

A impermanência e a interdependência também oferecem caminhos filosóficos no zen-budismo. O monge zen-budista Shunmyo Masuno (NHK, 2020) lembra que estamos todos conectados, que não somos independentes, mas interdependentes, e tudo que nos chega apresenta-se como etapa de nossa interconectividade. O nosso *self* está interconectado. Quando essa mudança é aceita, segue-se em um novo ciclo que descreve a impermanência: há sempre uma nova era. A postura *wagamama* – autorreferenciada, ao pensar excessivamente em si e nas próprias necessidades – é antinatural, pois a natureza é um espaço relacional com ciclos e antíteses ou polaridades. Em reconhecimento da natureza, do ciclo natural, cria-se uma atmosfera de respeito à impermanência e interdependência das coisas na vida natural: somos parte da natureza, e não os seus controladores. Em acolhimento à nossa impermanência, experienciamos os fins dos ciclos em reverência e afastamos as distrações, como, por exemplo, a tendência a defletir ou a negar os ciclos. O processo de envelhecimento é o maior experimento e a prova de que nós estamos na vida natural.

A perspectiva de ego prevê uma qualidade de presença que coloca a pessoa em contato consigo mesma nesse caminho íngreme em que se trilha durante a sua existência: quanto mais a pessoa se conhece, em seu vasto mundo interior, menos egocentrada ela estará, pois os egocêntricos, pelo enrijecimento de seus corações, dificilmente percebem suas imperfeições. O caminho, e não as coisas, é a quintessência do homem (HERRIGEL, 2010).

As práticas de atenção plena atuais, em especial a conhecida como *mindfulness*, tornaram a meditação ainda mais popular no mundo ocidental. Os benefícios da meditação são objetos de estudo em muitos artigos científicos da neurociência (COEN, 2018), apresentando possibilidades como recursos de bem-estar.

Seguindo nossa explicação sobre o *zen*, apresentamos uma parábola. Uma história hindu fala de um peixe que se dirigiu à sua rainha e perguntou: "Mas o que é o mar e onde ele está?". O outro peixe respondeu: "Você vive, se move e tem em seu ser o mar. O mar está dentro de você. Você é feito de mar e você vai acabar no mar. O mar também rodeia o seu próprio ser. Então, a única resposta à sua pergunta é aquela que você encontra por si mesmo".

Começamos com a compreensão por vezes equivocada do sentido do *zen*: o *zen* é manter-se com qualidade no presente, com percepção da subjetividade e da escuta. Difere-se, portanto, de uma ideia do senso comum que indica uma deflexão ou estar alheio às questões do mundo. Ao contrário, o *zen* é sentir o mundo, contemplar o aqui-agora. O *zen* é uma prática meditativa e meditar expressa o sentido de contato. Meditar é um caminho de contato consigo, com o mundo, num estado de interesse. Assim, são caminhos meditativos considerar que, ao sentar-se, apenas se sente; ao dormir, apenas durma; ao comer, apenas coma. Suas respostas serão encontradas em você mesmo, em seu "mar".

> A meditação fortaleceu meu papel como terapeuta. Como um mestre *zen*, eu não preciso olhar como se estivesse sempre em meditação, mas sim buscar estar presente o quanto for possível (EPSTEIN, 2001, 16, tradução nossa).

Resgatamos a ideia inicial do zen-budismo, ou do budismo, que é afastar o sofrimento, o que difere de sentir dor. Para essa explicação vamos citar outra parábola, chamada "parábola das duas flechas". Uma antiga parábola budista discorre sobre o sofrimento de uma pessoa que recebe duas flechadas sucessivas. A primeira flecha é a dor física produzida pelo ferimento. A segunda flecha refere-se ao sofrimento, de ordem subjetiva, com origem na ansiedade, na tristeza, na culpa, na frustração pela nova realidade ou pelo apego excessivo à rotina anterior. A parábola milenar traz um conceito muito poderoso que foi incorporado pelas psicoterapias: não são as experiências em si que determinam o sofrimento, mas a forma como enxergamos a nossa dor e lidamos com ela. A primeira flecha é a dor esperada; a segunda, é o sofrimento que provocamos pela imaturidade ou inabilidade de lidar com a dor.

O foco no presente, e não no resultado, expressa uma importante ideia do zen-budismo. O foco no resultado provoca cisão no contínuo do aqui-agora. Não há um comprometimento em explicar a origem e o fim das coisas. O compromisso é com a prática de viver, com intensidade, o momento presente. Há uma verdade em nós que não está desperta: a imagem simbólica de Buda é a de alguém que despertou. O despertar é uma interlocução que nos conecta à nossa humanidade, num ensinamento relacional. Assim, o senso comum de que ser *zen* é assumir constantemente uma postura calma, de despreocupação, em perene devaneio ou alienado da vida e/ou à margem dos problemas sérios do cotidiano, é equivocado, assim como a ideia de o *zen* ou a meditação zen-budista ser uma prática de relaxamento: "*Zazen* é conhecer mente e corpo. Não é relaxamento" (Coen, 2018, 112). O zen-budismo, no *zazen*, como prática meditativa, é um fazer-se presente, em contato com a experiência.

> A simplicidade de estar na íntegra do eterno agora. Quando somos cada inspiração e cada expiração. Quando nos tornamos o ar e os pulmões. Quando nos percebemos manifestação da natureza, da vida da Terra, do universo. [...] O caminho do *zen* é o caminho de nossa vida. Instante após instante, estar presente e ativo. [...] *Zen* é um estado de meditação profunda e sutil. É estar consciente de si mesmo e da rede, da teia da vida na qual somos causas, condições e efeitos. Só há uma maneira de entender o *zen*: praticando (Coen, 2018, 13-14).

Há dois mestres *zen* no Japão que queremos citar. Um deles é Kawakami Zenryu Takafumi (NHK, 2020), do Shunkoin, na cidade de Kyoto. Ele destaca que o zen-budismo vem da prática meditativa do budismo indiano, como uma observação e uma experimentação. Meditar é autocultivação. A ideia é não controlar a mente! É observar e experimentar. É um caminho para começar. Meditar é possibilitar a *awareness*. É uma prática de espiritualidade, e não uma religião. Zen-budismo traz uma arte de nos conectarmos a nós mesmos e às coisas, ao expandirmos nossa habilidade de viver no presente experimentando o todo. Compreende-se no *zen* que uma energia *ki* está nas coisas vivas e expressa a fluidez entre corpo e alma. Quando meditamos, sentimos a energia *ki*.

Outro mestre *zen* do Japão, que tem formação, graduação e doutorado em psicologia, é Isshō Fujita, do *Soto Zen*, de Kanagawa. Para ele, o maior conhecimento está em nós, o que ele chama de "conhecimento original". Carl Jung (1875-1961) já falava sobre olhar para si e despertar como exemplo de conhecimento original. Conectarmo-nos a nós mesmos (mãos em prece) e aos outros (mãos estendidas). Conectarmo-nos com o todo. Mente, corpo e meio ambiente interagindo. Nosso mundo emocional é amplo. Às vezes nos limitamos porque ficamos presos nos mesmos funcionamentos e na necessidade de controle, e isso provoca muita ansiedade.

A prática *zazen* é um caminho de clarificação da mente na natureza presente, por meio de duas atitudes básicas: atentar para a postura e atentar para a respiração. Em *zazen*, a mente está presente em tudo e se tranquiliza. Coen faz uma analogia do *zazen* como um "voltar ao lar e se sentar em paz" (COEN, 2018, 95). Pelo *zazen*, as coisas revelam-se, ainda que nada se espere. *Zazen* é um caminho que amplia o nosso mundo emocional – temos ajustamentos criativos da nossa estrutura para uma mudança de forma. Um exemplo disso é a respiração ineficiente na alta ansiedade. Fluidez é o *ki*, é essa energia vital que flui, e, assim, quando contatamos nossa respiração, tendemos a nos sentir melhores.

> O *zazen* é um mundo desprovido de sentimento de procura, de busca. É a eliminação dos desejos de recompensa, das expectativas de proveito, de ganho e de lucro. Penetramos no que existe antes de considerarmos perdas e ganhos. Não se busca nem mesmo a sabedoria. Eliminam-se todos os sentimentos de pedir, querer, mendigar. Apenas sentados. A isso o mestre chama de "*zazen* que não serve para nada" (Shundô Aoyama Rôshi apud Coen, 2018, 74).

Ao citarmos a experiência de vazio, podemos considerar o estado de vazio ou tédio como um silenciamento ou pausa no contínuo de contextos barulhentos. Meditar é uma possibilidade de escuta do barulho no vazio.

Taylor (2019 apud Zimmerman, 2006), ao falar de sistemas de autocuidado, conta uma história *zen*. Os momentos de desafio, de enfrentamento, convocam atitudes de autocuidado. Diz a história que havia dois acrobatas de rua, o avô e sua neta. A arte deles era que ele equilibrasse um bastão para que sua neta pudesse subir nele e se equilibrar. Era um importante desafio de equilíbrio! O avô disse para a neta: "Eu cuido de você e você cuida de mim". A neta respondeu: "Não, vovô! Eu cuido de mim, você cuida de você e assim nós dois estaremos bem". Meditar é como um caminho de cuidado de nós mesmos para que, juntos, em interdependência ecológica, convivamos com bem-estar.

Uma das críticas direcionadas ao budismo como um todo é sobre seu niilismo. Contudo, no budismo há um grande apreço pela vida humana e por tudo o que existe na natureza (BLACKSTONE; JOZIPOVIC, 1986). A atitude zen-budista é não proflexiva: alegra-se pela flor em si, não por esperar que a flor seja algo para mim ou seja minha. A alegria está na existência da flor. Resgatamos daí o "uma rosa é uma rosa, nada mais que uma rosa" (SINAY, 1997, 126). Trata-se de uma reverência à existência das coisas, e não por sua serventia baseada em um julgamento, pois não se julga uma pessoa por seus êxitos mundanos, mas sim por seus esforços cotidianos: "Um mendigo, visto de dentro, pode ser um rei, e um rei, pelo contrário, pode ser uma nulidade" (HERRIGEL, 2010, 116).

Interlocuções e discussão

O zen-budismo é um caminho. Não há uma cura, um modelo ideal para cada pessoa. Assim como na *awareness*, o processo de dar-se conta de que tudo acontece continuamente no aqui-agora, Momotake (2018) descreve que um dos conceitos básicos do zen-budismo, o *Shinshin Ichinyo* – mente e corpo integrados –, encontra-se conectado à Gestalt-terapia. Outro conceito, o de *Hishiryō*, descreve o mundo em que contatamos a experiência de maneira total, em desapego dos nossos pensamentos. O *Hishiryō* é equivalente ao mini-*satori*, ou minidespertar (MOMOTAKE, 2018).

Meditação é um caminho de autocultivação e autotransformação, em que o sujeito cultiva certas formas de ser-no-mundo e transforma-se constantemente de modo ético, por meio de uma atenção desvelada ou não conceitual sobre o seu mundo pessoal (parte) em relação ao todo (McMahan; Braun, 2017). A *awareness* pode ser considerada uma categoria meditativa. Karen Horney, que foi analista de Fritz Perls, utilizou o *zen* como caminho de mudança relacional com o *self*, em uma postura de acolhimento da experiência e de não julgamento ou luta contra aquilo que emerge. O contínuo da *awareness* na alimentação, como uma prática meditativa, implica senti-la e afastar a expectativa de que a alimentação seja saborosa ou não. O contínuo da *awareness* é um acolhimento da experiência presente, em uma postura uníssona de atenção.

Aceitar a realidade tal como ela se apresenta e não ir ao contrafluxo são aprendizagens importantes atreladas ao fluxo da *awareness*, cuja orientação é o desenvolvimento de ajustamentos criativos por meio da espontaneidade.

Estar em mudança constante é o que o zen-budismo ensina, e a mudança se dá a partir da integração das partes que tendemos a alienar, sobretudo pelo julgamento de que só podemos ser bons, saudáveis e harmônicos. Ledo engano. Somos seres em desenvolvimento e precisamos lidar com o que o ego nos surpreende, muitas vezes, vinculado com a vaidade, a ambição, o orgulho etc.

Abordamos pontos importantes advindos do zen-budismo que se tornaram eixos principais na conduta daquele que deseja aprender com a cultura nipônica. São os elementos supracitados: pontualidade, disciplina, autocontrole e força de vontade.

A pontualidade vinculada ao tempo pode ser compreendida não apenas em sua perspectiva cronológica como também ontológica. O sentido do tempo na cultura japonesa está vinculado ao respeito que todo ser humano pode reverenciar a si e ao outro. Acreditamos que a coisa mais generosa que podemos ofertar ao outro é nosso tempo.

Assim como a responsabilidade existencial para a Gestalt-terapia não está diretamente relacionada à obrigatoriedade de existir, mas se refere à habilidade para responder às situações, a disciplina também não se vincula à obrigatoriedade, mas ao comprometimento que todo ser humano adota em relação à sua sabedoria no existir.

"Aprender fazendo" é o que o zen-budismo ensina, e, nessa direção, a frase de um autor desconhecido, "caminha que a vida te encontra", se faz presente em nossa reflexão sobre autocontrole. Como acreditamos que "a vida não é do jeito que a gente quer" (FUKUMITSU, 2019), falar sobre autocontrole é compreender que não significa abster-se de sentimentos não confortáveis, tais como tristeza, raiva, desejo de vingança, ódio, inveja, ciúmes, solidão etc. Tudo vive no centro do Ser: os animais, as plantas, as pedras, a terra, o ar, o fogo e a água; nesse sentido, o ser se torna interdependente do mundo. Nada é por acaso e toda e qualquer situação – e, nesse sentido, a vida – é o que é, e não o que queremos que ela seja. E, como Nietzsche ensina em *A gaia ciência* (1882/2001), *Amor Fati*, "ame o destino!".

Um mimo-lembrete para você:

Não são as experiências em si que determinam o sofrimento, mas a forma como enxergamos e lidamos com a nossa dor.

侘び寂び

CAPÍTULO 3

WABI-SABI
A ARTE DA IMPERFEIÇÃO, DA INCOMPLETUDE E DA IMPERMANÊNCIA

> Quando nos abrimos para o *wabi-sabi*, estamos na contracorrente dos modelos padronizados e artificiais modernos. O *wabi-sabi*, ao contrário, convida à contemplação e ao desprendimento com relação à perfeição. Ressaltar o caráter irreversível do tempo que passa e o aspecto efêmero de todas as coisas, incitando-nos a apreciar a humilde beleza das coisas simples patinadas pelos anos e pelas provações (SANTINI, 2019, 12).

O *wabi-sabi* chega aqui com um grande desafio, que é o sentido da própria palavra, pois estamos falando de uma perspectiva muito diferente da ocidental. Juniper (2003) apresenta a dificuldade e a complexidade de buscar uma equivalência em inglês para *wabi-sabi*, pela incrível mistura de sentimentos sugeridos no termo, que traz um conhecimento intuitivo e perceptivo.

Wabi-sabi compreende um senso comum, um funcionamento lógico do japonês até meados do século XIX, na era Meiji (1868-1912), quando então essas práticas foram conceituadas e, assim, configuradas como um movimento estético e cultural. Uma analogia do autor Ruvalcaba (2018) compara o *wabi-sabi* com uma criatura mística: está entre nós, permanecendo escondida e, uma vez capturada, tão fácil é perdê-la.

Wabi-sabi é a composição de duas palavras da língua japonesa com significados diferentes: *wabi* (侘) descreve a simplicidade e o rústico; e *sabi* (寂), a admiração e a aprendizagem diante do desbotamento visível como consequência da passagem do tempo (Ruvalcaba, 2018). E, com a integração das duas palavras, o sentido é de apreciação à imperfeição, à impermanência, à percepção da visão natural do mundo.

Koren (2008) compara o movimento *wabi-sabi* ao movimento modernista. Tal comparação foi realizada como caminho adotado pelo autor para o desenvolvimento histórico-conceitual do *wabi-sabi*. Enquanto no Modernismo a estética apresenta características que buscam o universal, o controle da natureza, a busca por soluções prototípicas, das pessoas adaptadas à máquina, e a redução da informação sensória, no movimento estético *wabi-sabi* o mundo é apreendido como um fenômeno relativo, pela busca de soluções idiossincráticas, na crença de uma natureza fundamentalmente incontrolável, e pelo estímulo à expansão da informação sensória (Koren, 2008 apud Ikishi, 2018). Mais adiante, o mesmo autor retrata a dimensão pedagógica do *wabi-sabi*, pois revela o processo natural de desgaste e de envelhecimento, espelhando nossa jornada existencial finita e cíclica, em antítese ao ideal clássico ocidental de perfeição, imortalidade e magnificência. Nesse sentido, lembra o autor, o *wabi-sabi* é democrático e uma elegante simplicidade por disponibilizar a captura da beleza na entropia, tanto na pobreza quanto na riqueza.

Somos pessoas frustradas e angustiadas por nossa natureza frágil e impermanente. Acolher vulnerabilidades é acolher que as coisas são incompletas, imperfeitas e impermanentes, e, a partir da apreensão da não beleza, produzir-se o belo: buscar beleza na feiura é uma postura espontânea e fluida do *wabi-sabi*. Citam García e Miralles (2016, 181) que "apenas o que é imperfeito, efêmero e incompleto tem verdadeira beleza, uma vez que se assemelha à natureza". Sendo assim, o *wabi-sabi* é um movimento estético da cultura japonesa que descreve três marcadores em nosso mundo existencial: *a imperfeição, a incompletude e a impermanência*. Etimologicamente, a palavra "estética" vem do grego *aisthētikós*, representando o senso de percepção ou o sentir, aquilo que se forma a partir do que é sentido. O seu polo, *a + aestesia* (anestesia) é correlato ao não sentir. Como experiência estética, o *wabi-sabi* envolve a inter-relação de percepções, emoções e sentidos em um ato holístico de atribuir sentidos.

O senso de fenômeno estético do *wabi-sabi* é de uma sublime desolação na constatação de nosso mundo incompleto, imperfeito e impermanente. A beleza *wabi-sabi*, metafisicamente, é a beleza *Ma*. O *Ma* (間), lido também como *Aida* ou *Kan*, descreve o intervalo ou o vazio. O ideograma apresenta um portão, ou *mon* (門), por onde a luz do sol ou o dia – *hi* (日) – entra: só é possível receber a luz do sol oferecendo um portal de entrada. Esse portal é o *Ma*, o vazio, o entre, o silêncio, o intervalo ou a intermissão. Nesse sentido, podemos compreender que no *Ma* o mundo se manifesta com mais intensidade. O vazio, assim como o silêncio, não precisa ser interpretado: é possível capturar a comunicação do silêncio pela sensação por ele provocada. É essa sensação que é possibilitada pelo *Ma*, seja no intervalo de uma canção, em uma cena no teatro ou no cinema, no intervalo de um evento, seja nas animações do diretor japonês Hayao Miyazaki (Canal Entre Planos, 2020), nas relações consigo e com os outros. O *Ma* oferece a possibilidade estética de sentir no vazio, no silenciar, em um intervalo tão fértil quanto necessário no contínuo de nossas experiências. Essa pausa, aos mais barulhentos, pode parecer a expressão de algo que não se avança; contudo, há uma missão na escuta do silêncio: a possibilidade de expressão de algo, a porta aberta ou portal (*torii* – capítulo 1) por onde a luz do sol possa entrar. E, para isso, basta estar, em postura contemplativa, interessado ao que se vê e ao que não se vê.

Ikishi (2018) apresenta um artigo muito bem escrito sobre

a estética *wabi-sabi*, compreendida a partir da influência marcante do zen-budismo, representativa da cultura japonesa e considerada provavelmente um dos conceitos artísticos japoneses mais conhecidos no Ocidente. A essência *wabi-sabi* é uma atitude estética da elegante simplicidade, em que existe uma liberdade espiritual não vinculada às coisas materiais, como o *status*, a rotina ou o ego.

A impermanência traz a marca dos ciclos, das estações: cada elemento no mundo possui estações.

— E todos nós vamos morrer? — perguntou a folha.
— Vamos, sim — respondeu Daniel. — Tudo morre. Grande ou pequeno, fraco ou forte, tudo morre. Primeiro, cumprimos a nossa missão. Experimentamos o sol e a lua, o vento e a chuva. Aprendemos a dançar e a rir. E, depois, morremos.
— Eu não vou morrer! — exclamou a folha, com determinação. — Você vai, Daniel?
— Vou, sim... quando chegar meu momento.
— E quando será isso?
— Ninguém sabe com certeza — respondeu Daniel.
A folha notou que outras folhas continuavam a cair. E pensou: "Deve ser o momento delas". Ela viu que algumas folhas reagiam ao vento, outras simplesmente se entregavam e caíam suavemente.
Não demorou muito para que a árvore estivesse quase despida.
— Tenho medo de morrer — disse a folha a Daniel. — Não sei o que tem lá embaixo.
— Todos temos medo do que não conhecemos. Isso é natural — disse Daniel para animá-la. — Mas você não teve medo quando a primavera se transformou em verão. E também não teve medo quando o verão se transformou em outono.

Eram mudanças naturais. Por que deveria estar com medo da estação da morte? (BUSCAGLIA, 1982, 20).

Como demonstrado no trecho supramencionado do livro *A história de uma folha. Uma fábula para todas as idades*, Buscaglia (1982) apresenta, por meio da história de uma folha, que, mesmo que não voltemos, a vida voltará. São os ciclos, as estações de nossas existências. As fragilidades descrevem nossas vulnerabilidades físicas e emocionais, e a imperfeição apresenta o símbolo de uma compreensão do belo como algo imperfeito. Nossos marcos existenciais fundamentam-se na imperfeição, na incompletude e na impermanência.

O movimento estético *wabi-sabi* é minimalista e está conectado ao caminho zen-budista, pois recebeu influências dele. Ainda, podemos estabelecer uma relação com o mecanismo perceptivo, figura e fundo da psicologia da Gestalt, pois no *wabi-sabi* se compreende que é a feiura que torna possível a emergência da beleza, e que da dor ou do sofrimento podemos realizar poesia e graça.

Lembramos, contudo, que a estética *wabi-sabi* não celebra a impermanência, mas sim coloca-nos em uma atitude de assimilação e vivência de nossa impermanência, em reconhecimento de nossa existência cíclica: sempre que entramos num ciclo novo ou renovado, a decadência do anterior é inevitável. Quando nos apegamos à etapa, à estação ou ao ciclo anterior, ficamos interrompidos em um modo obsoleto, presos em um funcionamento interruptivo e afastado do aqui-agora. Incluindo a característica cíclica em nossa existência, o existir passa a refletir essa sazonalidade de maneira fluida e genuína.

Em relação à psicologia da Gestalt, o *Ma* corresponde à ausência de figura e, a partir desse intervalo contínuo, do fundo, os contornos vão surgindo e uma nova Gestalt se forma, e ela é nítida, pois veio de um contínuo da *awareness*. É possível sentir esse processo: a formação de uma nova Gestalt. O silêncio, às vezes tão temido, não precisa desviar nossa atenção. O *Ma*, o vazio, o entre, o silêncio, o intervalo ou intermissão, pode ser escutado, possibilitando a conexão entre os eventos, convocando-nos à experiência estética de continuidade. A beleza do *wabi-sabi* transcende o objeto ou o local. Segundo Koren (2013), ela acontece como um evento ou lembrança; é o sentido que se atribui a uma experiência. A beleza *wabi-sabi* é pessoal.

O movimento estético *wabi-sabi* descreve belezas que emergem em nossas práticas cotidianas. No alimento, por exemplo, *oishii* (美味しい), integrado pelos ideogramas "beleza" (美) e "sabor" (味). O sentido de *oishii* é a experiência de contatar a beleza no sabor, pois nos alimentos há também os dissabores e, ainda, o doce, o amargo, o salgado. Nossa busca alimentar é pela beleza no alimento, integrada pelas experiências dos sabores – assim como na vida, aquilo que nos alimenta, sendo delicioso, descreve a estética da beleza no sabor.

No *wabi-sabi*, a fluidez entre beleza e não beleza nos convoca a refletir: é da dor que emerge a esperança. É da não beleza que a beleza emerge. Figura e fundo. Nessa direção, *wabi-sabi* é buscar beleza nas feiuras, considerando que tudo é parte de um todo.

O *wabi-sabi* expressa-se como arte relacional estética, considerando relação como ligação ou como nos relacionamos com o mundo e conosco. Essa arte relacional está presente nos campos da arquitetura, da medicina estética e da espiritualidade. A interlocução da Gestalt-terapia e do *wabi-sabi* pode ser pensada como uma dimensão espiritual – mental, psíquica ou existencial e artística –, a maneira como se sente e se expressa o mundo.

Como uma experiência psicológica, o *wabi-sabi* implica o reconhecimento de uma transitoriedade que destrói nossas fantasias de onipotência. A existência humana, excessivamente racionalizada, tende a ser confrontada com um abismo: a possibilidade de uma vida autêntica, *nos tornando aware* de nossos marcadores existenciais, ou uma vida fraudulenta e ilusória?

O adoecimento existencial é desencadeado pela submissão da dignidade humana à custa da tradição, das categorizações, do mito de sucesso, da felicidade condicionada a uma ideia falseada de paz de espírito; é uma mostra da incoerência em relação a nossa condição existencial básica. Os próprios terapeutas podem investir tempo para se frustrar caso desejem "salvar" o homem de seu desespero existencial, promovendo o mito da psicoterapia como um espaço da extirpação do que lhes é desagradável – as feiuras da vida.

Na simplicidade característica do movimento estético *wabi-sabi*, um paradoxo interessante: o simples não é fácil. Vejamos o funcionamento narcisista. As defesas desenvolvidas contra a finitude podem se ligar a uma defesa narcisista. Vivemos em uma sociedade com raízes narcisistas. Tende-se a usar o narcisismo para iludir o *self* em vez de acolher nossa transitoriedade. O dualismo narcisista no apego à perfeição nos coloca numa gangorra fenomenológica: sou um luxo *ou* sou um lixo. A autenticidade é revelada na imperfeição! O narcisismo gera apegos disfuncionais, num modo operacional excessivamente materialista – a própria terapia se torna um objeto de consumo, e não um caminho. No egotismo se negam a imperfeição, a incompletude e a impermanência. Por isso, para alguém excessivamente narcisista, envelhecer pode ser tão absurdamente desconcertante, por impor-se uma série de regras materiais que lhe geram automonitoramento e controle excessivos.

Para uma era de negação de nossa impermanência, incompletude e imperfeição, o *wabi-sabi* parece ser um importante antídoto. O egotismo disfuncional gera apegos disfuncionais, num modo operacional excessivamente materialista – a própria terapia pode se tornar um objeto de consumo, e não um caminho. O acolhimento do *wabi-sabi*, portanto, representa a frustração de nossos desejos: acolher vulnerabilidades é aceitar que as coisas são incompletas, imperfeitas e impermanentes. Considerando que vulnerável é aquele que se encontra ferido, desprotegido, que tende a ser magoado, danificado ou derrotado, que é frágil, que pode ser ferido, destruído, podemos refletir sobre a importância de ofertar acolhimento aos sentimentos e às sensações de não pertencimento, aos momentos que nos sentimos feridos, e legitimarmos a dor para transformarmos a realidade intersubjetiva e nos reconhecermos com potencial para lidar com o próprio sofrimento.

O *wabi-sabi* é um conceito japonês que ensina a beleza da natureza perecível, mutável e imperfeita de tudo o que nos rodeia. Em vez de buscar a beleza na perfeição, devemos procurá-la no que é imperfeito, incompleto (GARCÍA; MIRALLES, 2016, 180).

No *wabi-sabi*, a beleza está no todo: ela não reside no objeto em si, mas em toda a experiência, em todo o ciclo que compreende transformações no presente transiente. Podemos pensar o processo psicoterápico como uma experiência estética *wabi-sabi*: em cada relação psicoterapêutica, em vez de considerar o resultado, se deu certo ou errado, é possível buscar qual a beleza que emergiu nesse processo. Na experiência depressiva, por exemplo, caracterizada pela apatia ou ausência de sensações, sentir é a necessidade buscada. É preferível dor ao torpor (SCHNEIDER; KRUG, 2010). O entorpecimento invoca o sentir, a feiura, a beleza. No sentir há fluidez. É preciso recobrar os sentidos por meio da espontaneidade. Os estados apáticos ou de entorpecimento podem levar pessoas a buscar na automutilação, por exemplo, uma sensação possível. Não se trata, portanto, de vivenciar uma vida plena de beleza, mas de acolher o movimento, belo e não belo, inerente ao fato de estar vivo.

A postura *wabi-sabi* é de observação da natureza. É na simplicidade, na discrição, por vezes negligenciada, que o belo está contido. O belo é experimentado pela aceitação da finitude inevitável e pelo apreço à ordem universal. A nossa abertura à beleza das coisas efêmeras nos convoca a uma postura de humildade, simplicidade e desapego. Dessa maneira, quando compreendemos a efemeridade das situações, sobretudo das mais adversas, auxiliamos as condições que atenuam a enfermidade existencial. A assimilação da impermanência, no presente transiente, reflete nosso sentido de sazonalidade no alimento, no tempo, na própria experiência.

No *wabi-sabi*, o sentimento *mono no aware* (capítulo 5) está presente: diante da consciência da impermanência das coisas, ante a melancolia da transciência, emergem sentimentos de contentamento melancólico ou *mono no aware*.

Interlocuções e discussão

Há sempre oportunidade para revermos as situações que nos acontecem, sobretudo as que provocam sentimentos de lamento por nossas atitudes e condutas. Sendo assim, ver a realidade tal como ela se apresenta, aceitar o inevitável e compreender que a vida é perfeitamente perfeita amplia a percepção de que é possível enxergar o mundo de maneira mais simples, sem que evitemos olhar as complexidades da vida.

O mistério existencial merece contemplação que silencia deliberadamente a vida como ela é, em suas nuances e contradições. Fukumitsu (2019, 18) menciona que "os monstros que imaginamos são mais pavorosos do que a situação que temos de enfrentar". E, muitas vezes por imaginarmos que não daremos conta, que não temos autossuporte para lidar com as situações adversas, subestimamos nossa potência.

É preciso ressignificar a ideia de que a perfeição e o "saber tudo" existem. O não saber não significa fracasso, mas sim é a abertura para a descoberta de novas possibilidades, perspectivas, saídas e entradas. Se enxergarmos a vida tal como ela se apresenta, é provável que possamos desenvolver oportunidades para rever a presença a partir das ausências das nossas vidas. Assim, o silenciamento e o medo de enfrentar os obstáculos e lidar com nossos problemas se transformam em potência que possibilita a restauração do existir, ou seja, restaurar as ações e condutas por meio de um olhar humilde perante a vida, pois a existência vivida por meio da aceitação da imperfeição nos auxilia a olhar o mundo com menos exigência.

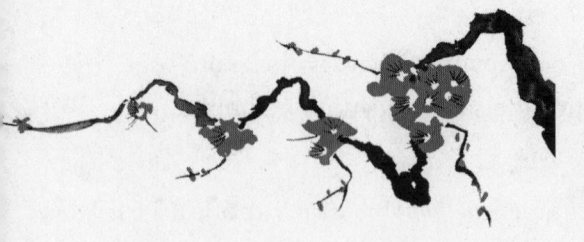

O Monte Fuji, no Japão, citado no capítulo anterior, pode ser compreendido como uma metáfora estética do *wabi-sabi* na dialética das sensações provocadas diante de sua grandeza, ao mesmo tempo, bela e amedrontadora. A dialética entre a fragilidade humana e o poder da natureza é um exemplo bastante presente nas artes japonesas e compõe uma meditação melancólica. Na obra do artista japonês do século XIX Katsushika Hokusai, há uma marca de nossa imperfeição: diante da grandeza do vento, somos tão frágeis quanto as folhas da árvore. Ao fundo, o Fuji observa.

A apreensão do mundo, em postura *wabi-sabi*, necessita de interesse e curiosidade ativa: na multiplicidade não há o diferente. Para apreensão da simplicidade é preciso não saber para resgatar as qualidades presentes na transitoriedade. A estética *wabi-sabi* pode ser representada em nosso modo de viver por meio do uso de expressões artísticas, considerando a arte como a amplificação da emoção no aqui-agora.

A cerimônia do chá (capítulo 4) e a poesia *haiku* ou haicai (capítulo 6) são exemplos de criações a partir da atitude estética *wabi-sabi*, que emergem de uma postura de abertura à experiência no aqui-agora, com a atenção na apreciação da dialética beleza e não beleza.

> **Um mimo-lembrete para você:**
>
> Acolher vulnerabilidades é compreender as coisas como incompletas, imperfeitas e impermanentes, e, a partir dessa apreensão, produzir beleza.

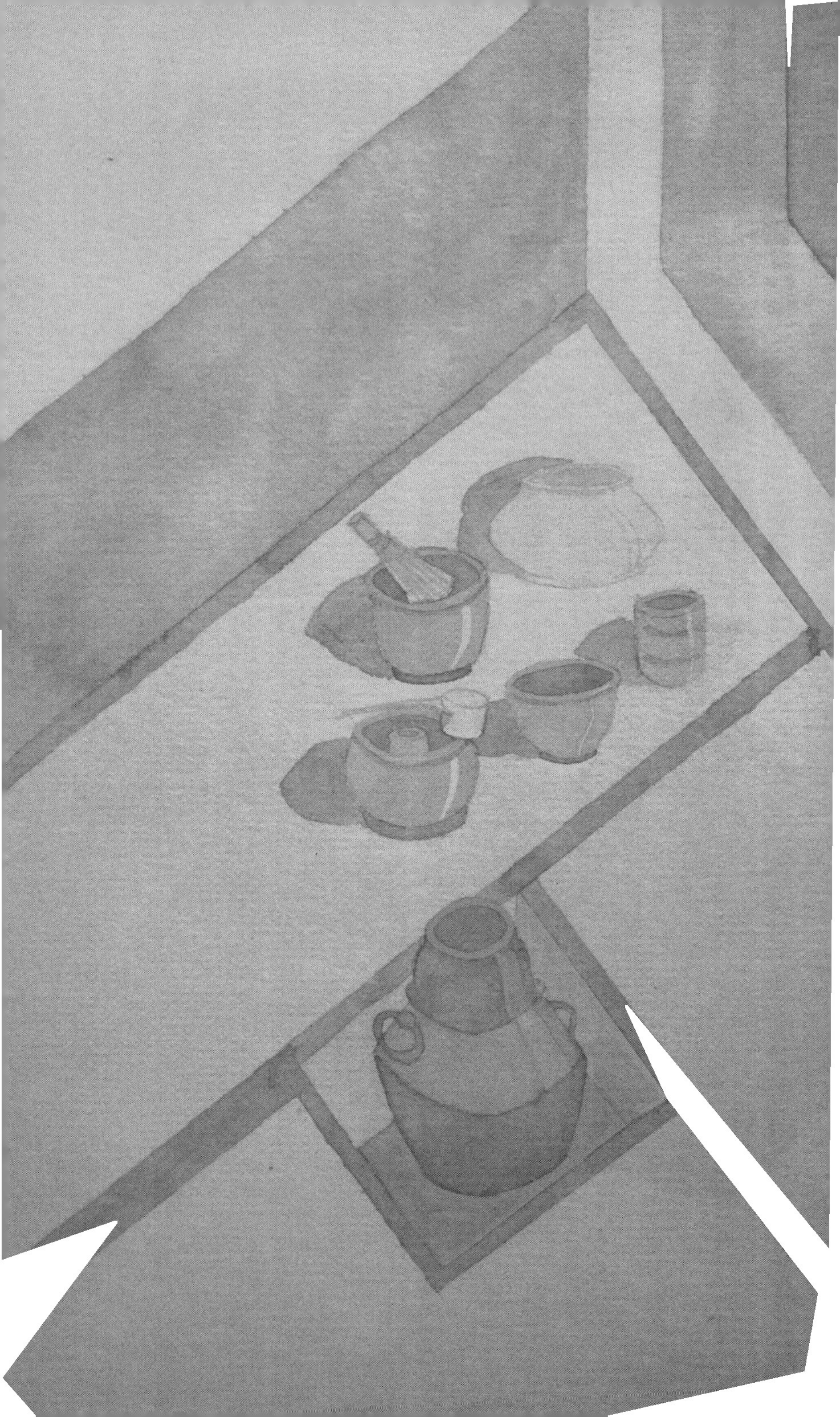

CAPÍTULO 4

CERIMÔNIA DO CHÁ
O CAMINHO DA BUSCA NO VAZIO

> Mas, a arte de perceber se um discípulo alcançou o Satori, pelas maneiras e modos de ele levar aos lábios uma xícara de chá, é uma arte que só os mestres *zen* dominam (HERRIGEL, 2010, 47).

Como uma *performance* artística, o anfitrião, o artista, prepara os elementos e recebe os participantes. Em uma sala com poucas pessoas, um ritual aparentemente simples é contemplado em seus mínimos detalhes, o que torna essa prática uma arte de viver e de comunhão com tudo que há no universo.

O *Sadō* é um convite para o aqui-agora diante do caos; um convite à contemplação e à importância do viver: "Não estou interessado na imortalidade, mas tão somente em apreciar o sabor do chá" (Lu Tong, 790-835 apud Souter, 2013, 35, tradução nossa).

O *Sadō* (茶道), ou *Chanoyu* – cerimônia do chá, caminho do chá ou chaísmo – é descrito desde o século XII como um caminho ou experimento de atitude estética com qualidade de presença, em que se busca a simplicidade de cada coisa: cada experiência da cerimônia é contemplada – o sabor, a arte na xícara, a história do *okashi* (doce ou salgado que é servido), a postura do corpo, as sensações, as palavras. O chá expressa uma atitude de busca dentro do vazio; um vazio potencialmente infinito, como na expressão budista *Muichi butsu chūmu jinzō* (無一物中無尽蔵), que significa "obter algo onde, do nada, da incerteza, emergem belezas", assim como tomar chá.

> Mas como um oleiro que pega na tigela e sente como foi moldada, pois ela fala da mão modeladora de um artista; ele pega na tigela como se suas mãos fizessem parte ela, como se elas mesmas fossem a tigela, de tal modo que, quando ele as retira, elas parecem guardar-lhe a impressão (Herrigel, 2010, 47).

Em Sen XV (1985), descreve-se que, historicamente, o *Sadō* está ligado à filosofia zen-budista e absorveu, no Japão, o xintoísmo. O caminho do chá é ampliado para a existência humana, e não somente para o espaço onde a cerimônia acontece. O chá é, pois, uma postura de vida.

Transcendendo o ritual, o *Sadō* contém uma natureza metafórica: do ritual aparentemente elementar, presentificado em seus mínimos detalhes para um caminho do chá, é visto como uma prática da arte de viver e de comunhão com nosso espaço vital: "A primavera tem as flores, o verão tem as brisas frescas, o outono tem a lua, o inverno tem a neve" (Sen XV, 1985, 56). No contínuo do tempo, cada vez que se sentir perdido, volte ao básico: respire e escolha um chá para contemplar.

Baseada na concepção do *Ichigo ichie*, em que cada encontro na vida é único, a cerimônia no chá – pela harmonia entre os seres humanos e a natureza, os seres humanos e os seres humanos, os seres humanos e os objetos (Sen Shôshitsu XV apud Sanmi, 2002, 8) – fundamenta-se na qualidade irrepetível que uma experiência nos apresenta.

Hirose (2011) descreve o caminho do chá como um meio de encontrar paz no trivial da vida: um simbolismo das ações cotidianas. O *Sadō* – cerimônia do chá, coerente com a perspectiva zen-budista e o movimento estético *wabi-sabi* – traz consigo a ideia da simplicidade, que, contudo, não é sinônimo de facilidade. A postura *sadō* ou chaísta é de acolhimento ao momento presente, com atenção plena, e isso exige disponibilidade e esforço. A cerimônia do chá se dá por camadas: cada fenômeno, cada experiência que emerge vai sendo contemplada em silêncio. Esse movimento é uma orientação de sensibilização aos fenômenos existenciais. Curiosamente, a expressão "Não ter chá" (Okakura, 2013) apresenta-se como uma postura insensível, indelicada, diante dos fenômenos existenciais: "Jogue fora o seu orgulho e aprenda tudo o que puder com os outros. Esta é a base de uma vida bem-sucedida" (Sen XV, 1985, 66).

Okakura (2013) também fala do chaísmo como estudo e prática da cerimônia do chá. Na cerimônia do chá, a arte de viver segue um fluxo no aqui-agora, no processo, na abertura à experiência da grandeza presente nos menores incidentes da vida. "Na arte, o presente é eterno" (OKAKURA, 2013, 117). Talvez por isso, pelo impacto que essa arte relacional produz, a experiência da cerimônia do chá possua potencial existencialmente marcante a partir dos encontros que proporciona.

A cerimônia do chá reflete um caminho para uma experiência multissensorial no aqui-agora. Nela, buscamos as cicatrizes e vulnerabilidades dos objetos – sentimos as forças no contato com os objetos, os sabores do chá e do *okashi*. Seguindo as filosofias zen-budista e *wabi-sabi*, na cerimônia do chá experienciamos a importância de reconhecer nossa unicidade, nossa rede relacional com as coisas, como espelhos refletindo outros espelhos. Ainda, tal cerimônia é também *wabi-sabi* no sentido de que é um culto à imperfeição: os objetos utilizados, antigos ou não, são contemplados. Suas marcas, desgastes, pátinas do tempo são reverenciadas com interesse.

A cerimônia do chá é silenciosa e o silêncio reflete uma profunda linguagem conectada à alma. Ela é sincrética, holística e dialética, na diversidade harmônica dos elementos que integram a cerimônia – os utensílios, o doce e o amargo do chá: "Onde você vive? No mundo inteiro" (SEN XV, 1985, 70).

Hirose (2011) apresenta quatro valores japoneses presentes na cerimônia do chá: *Wa* é o valor que descreve a relação entre anfitrião e convidado; *Kei* designa o respeito e a reverência no todo envolvido na cerimônia; *Sei* expressa o coração puro e a pureza material dos utensílios utilizados no ritual; e *Jaku* descreve a tranquilidade na preparação do ritual, considerando as intercorrências que eventualmente poderão acontecer.

和
WA
paz e harmonia

敬
KEI
respeito e reverência

清
SEI
pureza do coração
e dos materiais

寂
JAKU
serenidade

Quatro valores japoneses na cerimônia do chá.
Fonte: Hirose, 2011.

Ainda, Hirose cita mais dois pilares da cerimônia do chá: a expressão *Ichi-go, Ichi-e* (一期一会), que descreve o pensamento chaísta da experiência irrepetível – um encontro, uma vez, ou a mensagem de que vivemos aqui-agora e uma única vez, atribuindo um caráter de contentamento melancólico diante da experiência –; e a expressão *wabi*, de *wabi-sabi*, que tem sentido aproximado de pôr-se em postura de humildade e sensibilidade diante dos fenômenos da natureza. Aqui, talvez, o ter ou não ter chá esteja mais claro: ter chá expressa a sensibilidade com o que acontece em nós e ao nosso mundo.

No século XVI, Sen no Rikyū (1522-1591), considerado por sua significativa contribuição à cerimônia do chá, tendo-a estruturado (HIROSE, 2011), descreveu as regras do *Sadō*. Aqui as apresentamos como uma metáfora.

Prepare uma deliciosa tigela de chá	encontre algo do seu interesse e realize-o
Disponha o carvão de modo a aquecer a água	coloque-se de acordo, quanto ao que é preciso para essa realização
Arranje as flores tal como elas estão no campo	contate o ciclo em que está, busque algo belo e preencha o espaço com essa beleza
O verão sugere frescor, o inverno calor	identifique as polaridades presentes na sazonalidade das estações
Faça tudo com antecedência	disponibilize o cuidado, como quem nutre algo que considera ser importante
Prepare-se para uma eventual chuva	inclua as adversidades como elementos possíveis
Dê àqueles com quem se encontrar toda a atenção	compartilhe sua experiência: somos eu-no-mundo com o outro

A metáfora da cerimônia do chá: as sete regras de Rikyū.
Fonte: Adaptado de Sen XV (1985).

O chá é preparado com o coração puro, o que significa estar num estado de suspensão apriorística para que o caminho se configure como arte para o crescimento psicológico e espiritual.

> Aqueles que não conseguem sentir em si próprios a insignificância das coisas grandes estão fadados a não perceberem a grandeza das coisas pequenas nos outros (OKAKURA, 2013, 41).

Trouxemos aqui algumas expressões que orientam a busca no vazio e que não possuem tradução para a língua portuguesa. Nossa escolha por citá-las no capítulo que trata da cerimônia do chá é pela característica atitudinal ou experiencial do chá, que integra em suas práticas essas expressões.

A primeira é *Ganbaru*, termo muito usado cotidianamente na língua japonesa e que se relaciona a *Gai* (我意 – intenção) e *Nintai* (忍耐 – paciência), ou seja, trata-se da consciência intencional que requer paciência e esforço (努力 – *doryoku*) em direção a um objetivo (SHINMURA, 2018). *Ganbaru* consiste em investir na intenção de uma caminhada perseverante; convida-nos a manter o foco em um propósito, tal como o desejo de realizar uma necessidade que nos é emergente, a fim de não nos desviarmos do caminho que escolhemos seguir. *Ganbatte* comunica: "Dê o melhor de si, aqui-agora, com os recursos que possui! Tenha foco e paciência!".

A segunda palavra é *Itadakimasu*, que tem o sentido de reverência àqueles que participaram do processo para que o alimento chegasse à mesa (SHINMURA, 2018), que significa receber com humildade (いただきます), demonstrando uma percepção sobre o alimento recebido em coerência com o princípio budista: *em reverência a todos os sacrifícios e trabalhos, de humanos, plantas e animais, que foram feitos para que o alimento chegasse à mesa*. *Itadakimasu* possui um sentido espiritual quanto ao alimento recebido ou à vida e ao *kami* (ver capítulo 1) presentes naquele alimento. Kawanami (2013), em seu artigo, descreve a utilização do conceito/ação em outras situações amplas de acolhimento, tal como no ato de ser presenteado.

A terceira palavra é *Gochisousama* (ごちそうさま) ou *Ogochisousama* (おごちそうさま, para uso formal), que representa uma reverência posterior à alimentação (SHINMURA, 2018), usada no término das refeições. Em sinal postural de prece, com as mãos erguidas, verbalmente ou em silêncio, a reverência é feita sem julgamentos pelo sabor, mas pela satisfação por algo ofertado que recebemos de coração aberto. Esses dois conceitos apresentam uma continuidade na experiência alimentar e se conectam à necessidade de dar importância à consciência daquilo que recebemos e de atribuir qualidade de presença ao ato de se alimentar: Reverenciar (*Itadakimasu*) – Contemplar – Desfrutar – Reverenciar (*Gochisou*).

A quarta expressão é *Komorebi* (木漏れ日), que se refere ao fenômeno da luz solar que se infiltra através das folhas e galhos das árvores, dando a percepção de que o sol vazou das árvores (SHINMURA, 2018). Fenômeno conhecido e referido com características poéticas, não representa uma filosofia, mas um fenômeno natural, poético-espiritual. No caminho do chá, há a apreciação dos elementos da natureza. *A mais sábia e antiga existência se faz presente pela natureza.*

A quinta expressão é *Otsukaresama*, que reflete o reconhecimento de que você trabalhou com esforço e fez o melhor possível na tarefa realizada.

A sexta expressão é *Tadaima* (只今), ou simplesmente "agora estou aqui", e constitui uma saudação para quando se chega em casa.

A sétima expressão é *Okaeri* (おかえり), "seja bem-vindo de volta", e representa o *acolhimento no retorno ao lar.*

Por fim, a oitava, *Tokimeki*, é o pulsar do coração que motiva a força de vontade e representa o *viver com alegria ou o élan vital* (SHINMURA, 2018).

Interlocuções e discussão

Quando mencionamos no capítulo anterior, sobre *wabi-sabi*, que "só é possível receber a luz do sol oferecendo um portal de entrada – esse portal é o *Ma*, o vazio, o entre, o silêncio, o intervalo ou intermissão" –, quisemos apontar que todo caminho tem seu próprio caminhar e seu eixo de luz e de possibilidades. O vazio é fértil por si só.

É no vazio que se encontra a possibilidade de preenchimento. Nesse sentido, cada situação deve ser contemplada em sua beleza e conforme sua apresentação. Muitas vezes, obrigamo-nos a também nos mostrar de forma constante e equilibrada. Vivemos fases da vida de maneiras diferentes, somos diferentes a cada segundo, mas insistimos em sermos os mesmos com a ideia de que isso é o que significa constância e equilíbrio. Equilíbrio diz respeito à conexão com o simples e com a simplicidade de sermos quem somos.

Um sabor de chá nunca é o mesmo, pois tudo depende da forma como degustamos, da quantidade colocada, do calor da água. Portanto, a cerimônia do chá ensina que existem caminhos, mas que nem todo caminhar é igual ao outro. Portanto, não são a constância e a persistência que devem permanecer na vida, mas sim a disciplina, o movimento e a plena atenção sobre a maneira como percorremos nossa trajetória existencial. Tobin (1977, 161) ensina: "A reação de 'persistência' (*Ranging-on*) serve para inibir as emoções pela perda e manter a pessoa presente em fantasia". Sendo assim, tudo o que se refere à necessidade de controlar as situações faz com que o ser humano se distancie do aqui-agora e, por consequência, perca a possibilidade de "saborear" o momento como se fosse único, pois assim o é. E, como dito, podemos escolher reverenciar a "qualidade irrepetível que uma experiência nos apresenta".

Outro ponto importante a ser destacado é a distinção entre "simplicidade" e "facilidade". Segundo o dicionário, simplicidade significa "qualidade daquilo que é simples; característica do que não é complexo; desprovido de complicação". Já facilidade, é a "qualidade do que é fácil. Meio de fazer sem dificuldade. Ocasião, possibilidade, oportunidade". Sendo assim, fazer qualquer coisa sem dificuldade não significa que a situação não apresentará complicações, principalmente porque "a vida não é do jeito que a gente quer" (FUKUMITSU, 2019). Nesse sentido, será necessária humildade para não se ter a pretensão de "saber tudo" e de "dar conta de tudo".

"O menos é mais" é uma aprendizagem importante, pois favorece a percepção do irrepetível das circunstâncias a ponto de validarmos o momento presente, e é o oposto de excesso. As repetições são pedidos que se repetem para darmos uma resposta diferente às situações adversas e que nos convocam posturas existenciais diferentes.

Por fim, e não menos importante, a cerimônia do chá nos ensina sobre foco, paciência, valorização do aqui-agora, harmonização de nossa sensibilidade e humildade em nossas condutas e reverência ao entorno e às relações interpessoais, que nos dão o privilégio de compartilhar alguns momentos.

Ser grato ao alimento é honrar o entorno, os esforços alheios e os próprios. É o ciclo espontâneo que se desvela silenciosamente, que perpassa as "estações", que se torna convite para a alma: Reverenciar (*Itadakimasu*) – Contemplar – Desfrutar – Reverenciar (*Gochisou*).

É preciso reverenciar o belo que nos é apresentado natural e diariamente, e, a partir do olhar que nos orienta a encontrar na simplicidade a beleza que nos direcionará em nosso conhecimento, aprenderemos a contemplar o que nos é ofertado como possibilidade de aprimorar nossa habilidade para responder às situações emergentes.

Conhecimento e habilidade se inter-relacionam para que possamos desfrutar das atitudes que tomaremos para enfrentar o cotidiano.

Desfrutar conquistas nem sempre é bom ou tarefa fácil, pois muitas vezes nos acostumamos com o disfuncional conhecido, mas a oportunidade de desfrutar nossas conquistas é possibilidade vindoura de fazer uso do investimento e do esforço empreendidos, depois de muito tempo. Como acreditamos na frase "a vida é arte que leva tempo" (FUKUMITSU, 2019, 257), desfrutar as conquistas traz a oportunidade de reverenciar o que é possível.

Um mimo-lembrete para você:

A cada vez que se sentir perdido, volte ao básico: respire e encontre o seu chá.

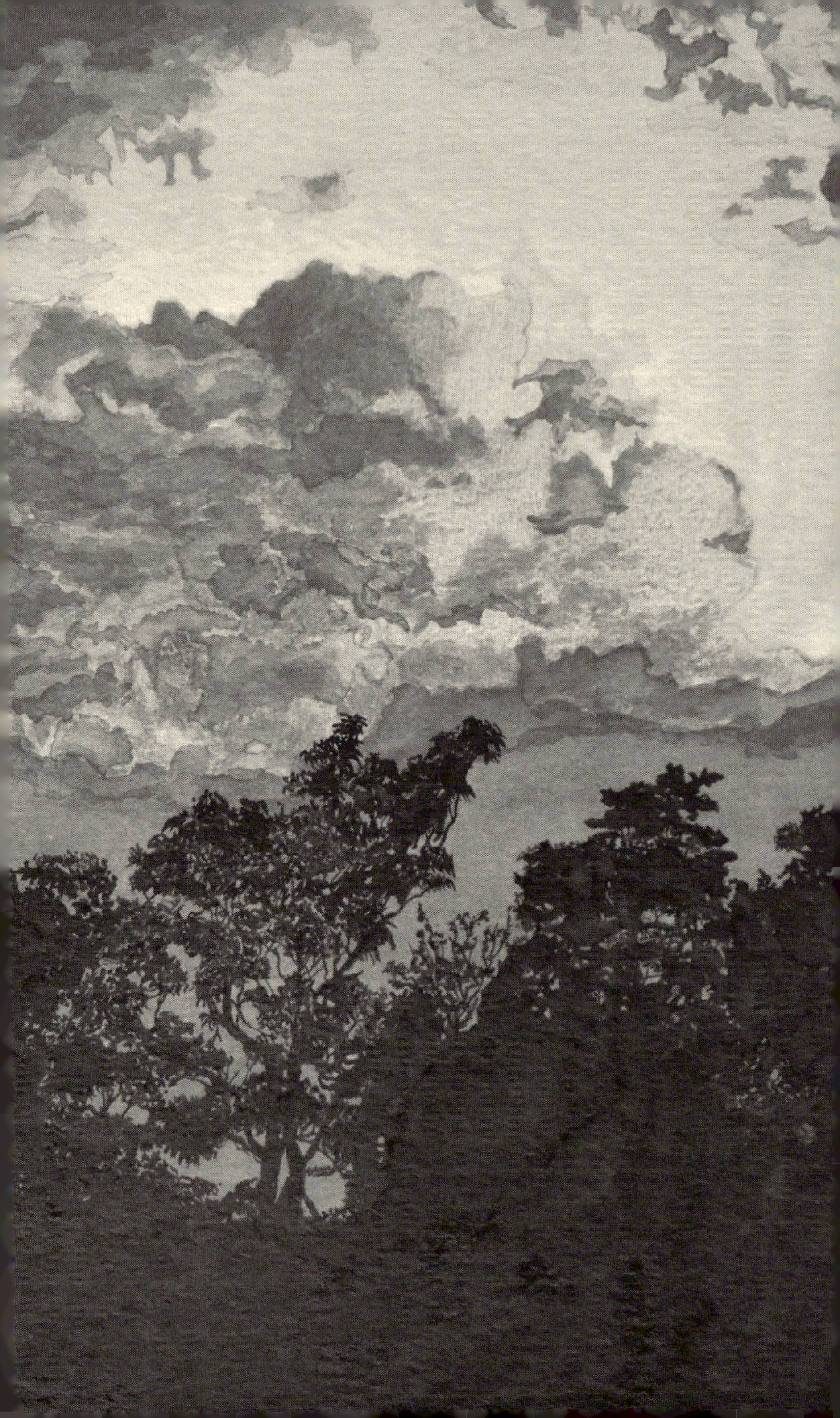

CAPÍTULO 5

OS SENTIMENTOS *YUGEN* E *MONO NO AWARE*
A AMPLIAÇÃO DAS EXPERIÊNCIAS AFETIVAS

Da filosofia japonesa do *wabi-sabi* (incompleto, imperfeito e impermanente), partem duas estéticas, em forma de sentimentos, que não possuem tradução para outras línguas: *mono no aware* (sentir a brevidade) e *yugen* (sentir-se parte de um todo). Compreender uma nova palavra amplia nossa experiência afetiva, altera a nossa atitude estética: (1) *Mono no aware* – sentimento que emerge diante do acolhimento da transitoriedade e da efemeridade das coisas e que provoca melancolia e encantamento diante de suas brevidades; (2) *Yugen* – humor, sentimento, sensibilidade do olhar para reconhecer a *awareness* no mundo; quando o sol nasce e olhamos as montanhas e os pássaros voando; quando escutamos algo que nos toca; quando algo nos toca e sentimos a conexão com o outro e com o mundo, tudo isso provoca o afeto *yugen*.

Mono no aware (物の哀れ) representa um senso estético ou uma emoção que aflora quando alguém se sente tocado por algo que lhe desperta um senso melancólico. É uma emoção curiosa e misteriosa, inspirada pela experiência. Um correlato emocional para ele é a angústia. Sendo emocional, é um movimento estético – do sentir. *Mono no aware* representa a estética da captura da essência única de cada fenômeno ou objeto: enquanto *mono* descreve o objeto ou fenômeno, *aware* descreve a atitude emocional em relação ao fenômeno ou objeto contemplado (PRUSINSKI, 2012).

Como postura estética, o *mono no aware* está ligado à Era Heian (794 a 1185) do Japão, quando a capital japonesa era Kyoto, e também ao período da publicação do primeiro romance literário do mundo, *Genji Monogatari*, de Murasaki Shikibu (978-1014). O sentimento ou atitude estética *mono no aware* convoca à sensibilidade de encontrar beleza na efemeridade, bem como no espiritual presente em cada fenômeno; é um contentamento melancólico ante uma experiência que contém o espiritual e que é belo, tocante e finito, assim como o que sentimos quando uma flor, que durará tão pouco tempo, mobiliza uma experiência emocional potente, uma beleza frágil e, ao mesmo tempo, poderosa. Importante, lembra Prusinski (2012), é a atenção não ao objeto em si, à parte, mas sim ao todo, a toda experiência presente e em transformação.

Nas artes japonesas, o *mono no aware* indica empatia e sensibilidade; a capacidade de surpreender-se, de sentir, de comover-se, de contatar certa melancolia e tristeza diante daquilo que é efêmero. Um exemplo de comportamento baseado nesse conceito é a prática do Hanami, ou apreciação/contemplação das flores. *Mono no aware* demonstra características de importar-se com o óbvio, com a simplicidade. O *Sadō*, ou cerimônia do chá, é outro exemplo em que essa estética está bastante presente.

> Como não evocar aqui a tradicional cerimônia do chá japonesa! Às vezes levamos a vida inteira para compreender esse cerimonial lento e preciso, codificado e contemplativo, em que todos os gestos do mestre e dos convidados são importantes. Altamente simbólica, não se trata meramente da preparação de uma bebida, mas antes de uma busca de "harmonia, respeito, pureza e serenidade" (*wa, kei, sei, jaku*) (SANTINI, 2019, 120).

Yugen (幽玄), por sua vez, descreve um importante elemento do conceito estético japonês. Pode ser considerada como uma emoção que emerge do sentir o universo como um todo, incluindo seu processo misterioso, elusivo e real. Desperta a sensibilidade no apreço aos elementos da natureza: o sol, a chuva, os pássaros, os rios. *Yugen é fazer-se sensível ao efêmero.*

Interlocuções e discussão

Estamos menos desamparados do que pensamos, pois saber sobre a brevidade e sobre o lugar de pertencimento requer a contemplação das situações tais como elas acontecem. E, mesmo que nos tragam algum sofrimento, será preciso tentar compreender que nada do que nos acontece é em vão.

A sensação de que precisamos prender o tempo no sentido de controlá-lo para que evitemos a sensação de perda é o que nos limitará na lida de situações incontroláveis. Tentamos "prender" as situações com intuito de fugir da sensação de medo e do temor que nos impactam nos momentos de estresse.

É importante dizer que o medo é o contrário da ousadia e que, para sentirmos uma falsa sensação de controle, aprisionamo-nos no medo. No entanto, não percebemos que é exatamente pela evitação de enfrentamento daquilo que provoca sofrimento que sofremos; não nos damos conta de que aquilo que evitamos é o que mais nos faz sentirmos melindrados. Às vezes, já estamos vivendo o melindre sem ao menos perceber.

Dessa forma, aceitando *mono no aware* e *yugen*, podemos "correr o risco" de aprender o que é possível. Em outras palavras, ao abrir mão do controle, ampliamos nossas chances de nos tornar fluidos, conforme nossas possibilidades, como as águas de um rio que fluem por si só.

Um mimo-lembrete para você:

Surpreenda-se, sinta, comova-se e contate certa melancolia e tristeza diante da potente e frágil efemeridade cíclica.

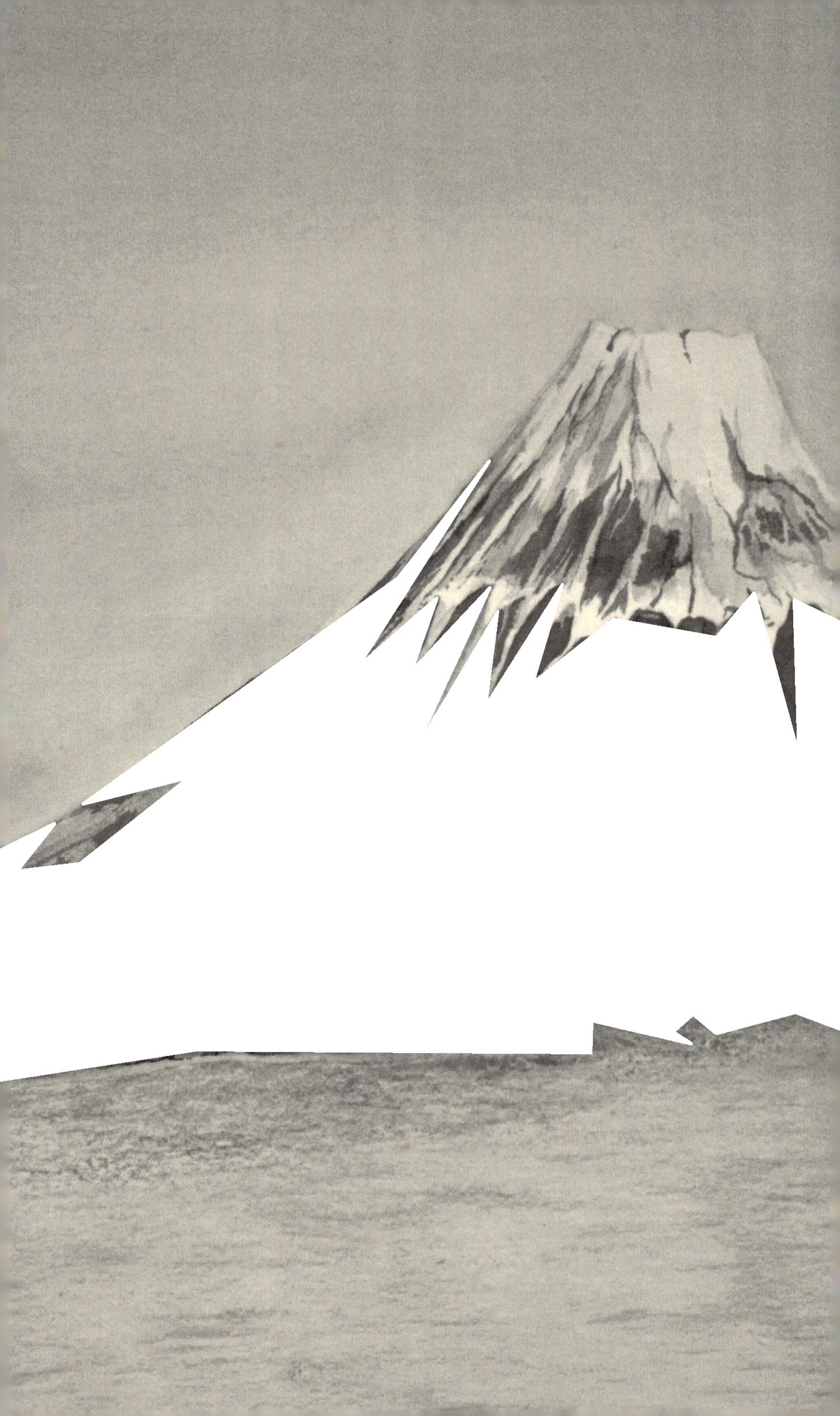

CAPÍTULO 6

HAIKU
A EPIFANIA DO AQUI-AGORA

O *haiku* – ou *haikai* – é uma expressão artística que tem como pilar o zen-budismo e está conectada ao *satori*, ainda, podendo se dizer que zen-budismo, *satori* e *haiku* são sinônimos (SUZUKI, 1964). Enquanto o zen-budismo cultiva a apreciação artística, o *satori* é a consciência do irrefletido, do não alcançado pelo aprendizado ordinário intelectual sobre as coisas; *satori* é despertar por via experiencial.

> Vida oportunidade.
> Vida mistério.
> Vida realização
> (Fukumitsu apud Leite;
> Gomes; Yano, 2020, 45).

No Brasil, um expoente autor de *haiku* é o curitibano Paulo Leminski (1944-1989). Evans (2015) descreve os *haikus* como poesias japonesas concisas e de, em média, três linhas. Outros autores expressivos também descrevem os *haikus*:

> Para George Sansom (1883-1965) os haicais são pequenas gotas de essência poética (Bowers, 1996) e, para Harold Henderson (1889-1974), são meditações (Bowers, 1996, p. 7). Os maiores mestres dos haicais são descritos por Bowers (1996) como Matsuo Bashō (1644-1694), Kobayashi Issa (1763-1828) e Masaoka Shiki (1867-1902) (Leite; Gomes; Yano, 2018, 8).

No *haiku*, registra-se o momento presente, capturado pela curiosidade de quem vê algo que é irrepetível, ainda que pareça ordinário. *Haiku* é o aqui-agora poetizado, como cita Herrigel:

> Daí terem a tendência de se porem desinteressadamente a serviço, sem espírito de crítica, sem tentar adaptar as coisas a si mesmos, porém, antes de tudo, adaptando-se a elas. Depois, tem a tendência de prestar mais atenção ao que fazem do que ao modo pelo qual o fazem,

deixando cada situação acontecer e extraindo delas o que for melhor (HERRIGEL, 2010, 65).

Haikus ou *haikais* são mini-*satoris* na observação dos mínimos detalhes da natureza. Lua, sol, tempestades e ondas são os elementos da natureza destacados nos *haikus*.

> No estrondo do trovão,
> nuvem saturada.
> Chove: a terra conforta.
> [...]
> No incômodo da dor,
> angústia represada.
> Chore: o corpo descansa.
> (YANO, 2020)

Interlocuções e discussão

Os *haikus* representam um caminho, uma ação como recurso expressivo no indizível. Epifania do aqui-agora. Aquilo que se manifesta no momento por meio das sensações. Podendo ser considerados um experimento em Gestalt-terapia, os *haikus* proporcionam um caminho de interesse estético pelo sentir e são um caminho para a simplicidade de acolher o que está no aqui-agora.

A melhor confluência:

> Abraçar sem sufocar;
> apertar sem machucar
> (RIBEIRO apud LEITE; GOMES; YANO, 2018, 38).

Aprecie a poesia extraída de seu existir. Certo dia, vimos em rede social a palavra "CALMA" com um X na letra "C", o que resulta em "ALMA". Essa forma peculiar de sentir a sutileza pela supressão apenas de uma letra remete à simplicidade dos *haikus*.

Em vez de calma, devemos nos associar com o que a alma nos conduz.

Joseph Campbell, autor de muitas obras importantes, ensina sobre a necessidade de "acompanhar nossa felicidade" (*follow your bliss*). Pensamos que o autor ensina sobre não buscarmos a felicidade utópica que persegue a ausência de sofrimento, mas sim a possibilidade de continuidade existencial, apesar do sofrimento.

Sendo assim, trazemos um convite: até quando você perseguirá a felicidade utópica representada em idealizações de que "tem de dar conta de tudo" ou que "sua felicidade dependerá de situações que precisa conquistar" ou "apenas quando for bem-sucedido"?

Reflita e se dê uma chance de ser quem é.

> **Um mimo-lembrete para você:**
>
> Encontre seu sentido existencial, apoiando-se naquilo que faz seu coração pulsar.

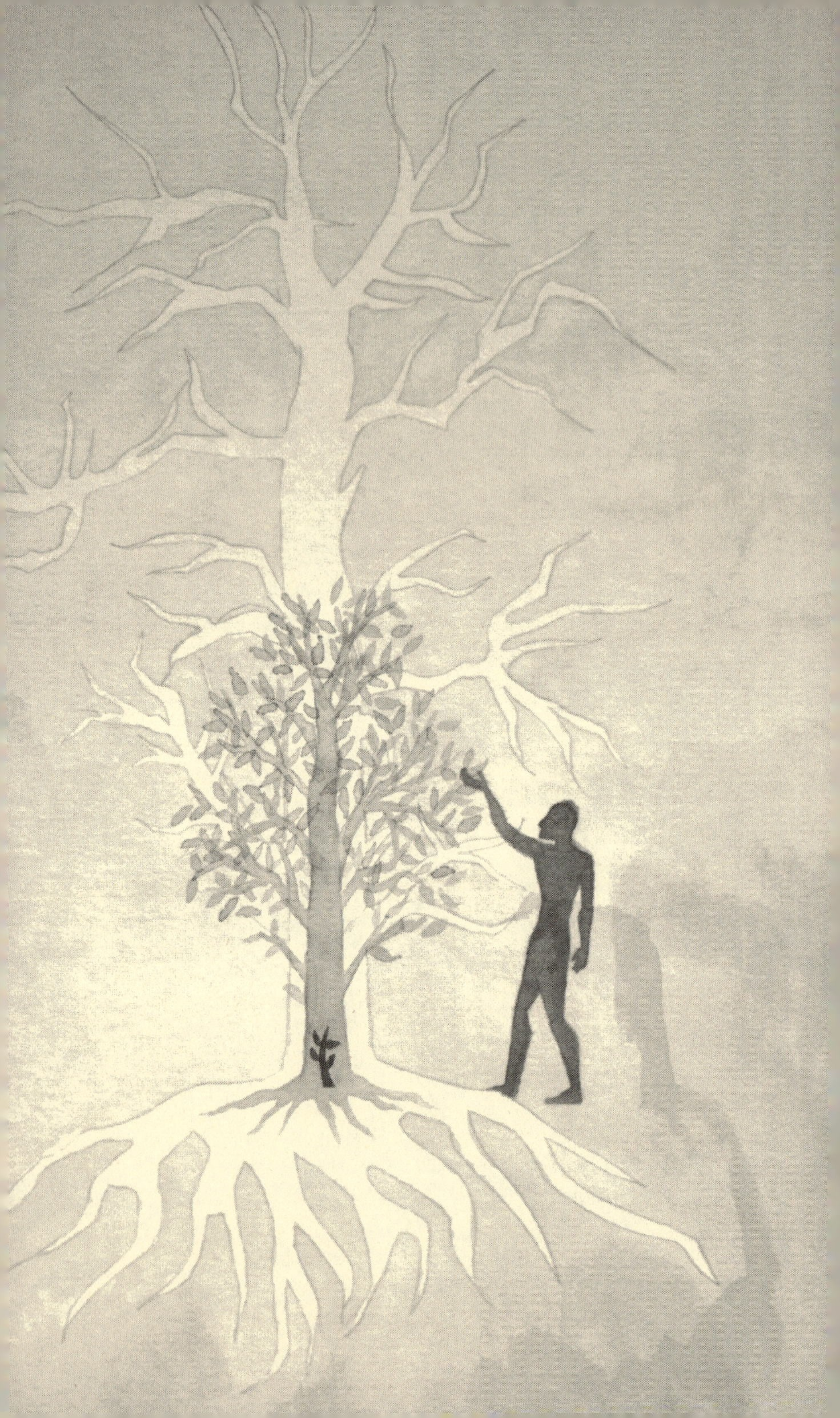

CAPÍTULO 7

OS SENTIDOS EXISTENCIAIS DO *IKIGAI*
A EXISTÊNCIA SIGNIFICADA NAS AÇÕES COM O OUTRO

O *ikigai* expressa um sentido de vida que possui um aspecto de autodesenvolvimento e descreve um equilíbrio harmônico de dimensões que são significativas na existência de cada pessoa e que, juntas, expressam nossa razão de ser e tudo aquilo que nos move. A palavra *ikigai* é composta dos ideogramas *Iki* (生き – viver) e *Gai* (甲斐 – sentido/razão), que, juntos, representam sentido, missão ou razão de viver por algo que valha a pena (SHINMURA, 2018).

O *ikigai* fundamenta-se na ideia de que nós nos tornamos melhores naquilo que gostamos de fazer, pois isso faz com que nos sintamos vivos e ativos, conectados a um senso de motivação e energia vital. Portanto, conhecer a si primeiro, aperfeiçoar o próprio trabalho e utilizar esse conhecimento pessoal com mais confiança em si e na vida configuram o *ikigai*.

> O *ikigai* está escondido em nós, e é necessária uma investigação paciente para chegar até o mais profundo de nosso ser e encontrá-lo. De acordo com os nativos de Okinawa, a ilha com maior índice de centenários no mundo, o *ikigai* *é a razão pela qual nos levantamos pela manhã* (GARCÍA; MIRALLES, 2016, 19).

O conceito de *ikigai* também se tornou popular no Brasil nos últimos anos, em razão de livros publicados sobre o assunto e que o relacionam a longevidade e bem-estar (GARCÍA; MIRALLES, 2016; MOGI, 2018; STEVENS, 2018).

Interlocuções e discussão

Apreciar e reverenciar a existência, sem se distrair com as seduções de ser bem-sucedido a qualquer custo nem cair na competitividade e na crença de que ter posses e conquistar coisas é mais importante do que descobrir o que realmente é essencial e significativo para cada um, são aprendizagens que dependem da percepção sobre a vida e sobre o existir.

Provavelmente, não conhecemos nenhum ser humano que não tenha o desejo de se autorrealizar. No entanto, é imprescindível a reflexão sobre o significado de autorrealização para cada um de nós, seres humanos, que somos regidos pela diversidade de necessidades, incluindo as fisiológicas, emocionais, relacionais, espirituais, de segurança e de autorrealização.

Muitas vezes rumamos para o resultado cegamente, acreditando ser o troféu ou a conquista a representação de quem somos. Ser bem-sucedido pode ser a falsa prova empírica de que somos um sucesso, pois nos esquecemos de que sucesso e fracasso são momentos efêmeros e que não podemos nos definir apenas pelas conquistas, mas sim por quem nos tornamos ao conquistarmos as coisas.

Um ditado popular, de que desconhecemos a autoria, nos faz refletir sobre propósitos de vida e sobre a ênfase dada ao sucesso: "Por que se amam as coisas e se usam as pessoas?". García e Miralles (2016, 93) ensinam:

> Quando um esportista está competindo em uma final pela medalha de ouro, não pode parar e pensar em quanto ela é preciosa, mas sim estar presente no momento, fluir. Se ele se distrai por um instante pensando em como irá mostrar a medalha a seus pais com orgulho, certamente cometerá um erro no último momento e não ganhará a competição.

Com base no que os autores supramencionaram: "Se ele se distrai por um instante pensando em como irá mostrar a medalha a seus pais com orgulho, certamente cometerá um erro no último momento e não ganhará a competição", entendemos que, embora o ser humano persiga bons resultados, não é o resultado por si só que faz a diferença no propósito de vida de uma pessoa, mas sim a maneira como podemos caminhar e aprender desfrutando cada passo de nossa trajetória existencial.

A maneira espontânea de enfrentar a vida (e não a confrontando, nadando contra a correnteza), aceitando o desafio diário de existir, considerando o fluxo espontâneo da vida, permitindo-se, por meio da disciplina, desenvolver bons hábitos de um estilo de vida diferenciado, é a proposta do *ikigai*, para o qual propósito de vida, projeto existencial e missão se desenvolvem a partir da aprendizagem diária.

Segundo Perls (1977, 30), "(...) aprender é descobrir, [o] que é uma questão de experiências novas"; as situações que temos de lidar podem ser vistas como oportunidades para aprendermos como viver, driblarmos algumas dificuldades e descobrirmos novas formas de enfrentamento. Fukumitsu (2022), em seu livro *Saúde existencial*, menciona sobre o propósito de um *educaDor*:

> Ser *educaDor* sugere enfrentamento da vulnerabilidade e busca de intervenções para cuidar dos ferimentos existenciais, possibilitando que a pessoa se sinta preservada, em espaços emocionais minimamente "arejados" para que a tormenta seja apaziguada no coração (FUKUMITSU, 2022, 49).

Talvez nossos propósitos de vida não estejam claros e, muitas vezes, confundimo-nos entre o ter e o ser. E, como Fukumitsu (2014, 59) afirma, "Ter, ter, ter, ter é a nossa falência... Falência do humano, falência de nossos valores, pois é o ser que nos realiza. É o ser que busca por sentido de vida e por sua existência".

Dessa forma, enquanto *wabi-sabi* é atitude perante a vida, o *ikigai* é a direção para vida. Como se fosse um farol, perseguimos a luz e uma maneira mais serena de viver; portanto, ter razões para viver significa estar em consonância com o que faz sentido e com o que entra em consonância com as nossas crenças e convicções.

Muitas vezes duvidamos de todo caminho trilhado e conhecimento desenvolvido ao longo da vida e da história, e, por esse motivo, desrespeitamos nossos limites quando não nos damos conta de que viver implica se lançar nos mistérios da vida, enfrentando percursos sombrios e descansando em momentos de luz. Nesse sentido, o propósito da vida se configura a partir do momento em que nos damos chances para nos reconhecermos como seres dignos de refazer nossas vidas e nos permitirmos ser generosos com o que nos acontece.

Um mimo-lembrete para você:

Tenha força, equilíbrio e flexibilidade para viver a junção de seus fragmentos existenciais.

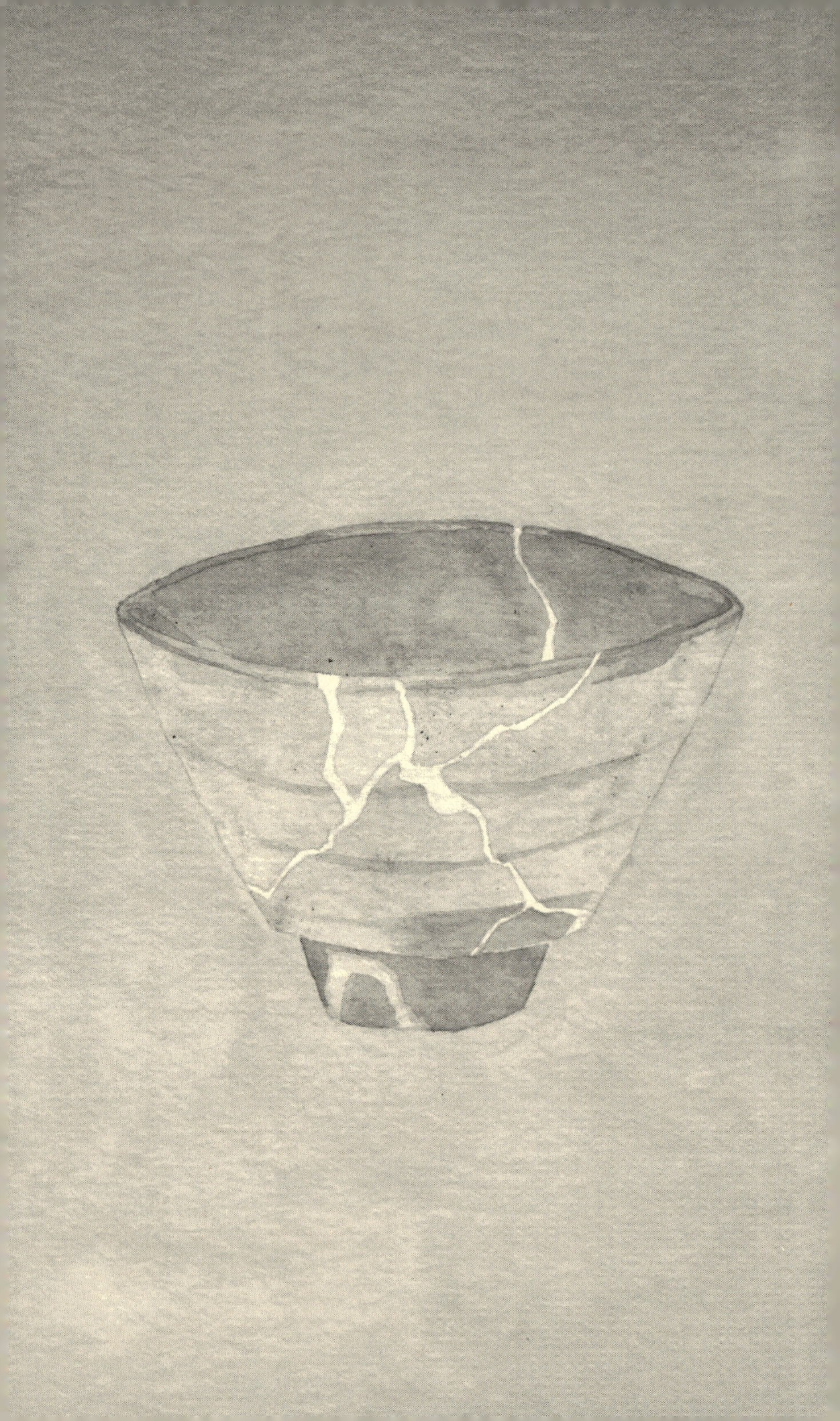

CAPÍTULO 8

KINTSUGI
A REINVENÇÃO ESTÉTICA DA BOA FORMA

O *kintsugi* é uma verdadeira escola da paciência e da lentidão. Espontaneamente, temos vontade de passar imediatamente à etapa-chave, aquela em que cobrimos com pó de ouro as cicatrizes laqueadas para ver finalmente emergir o objeto em todo o seu esplendor. Mas a arte do *kintsugi* está presente para nos lembrar que não é o destino que conta, e sim o caminho... Convidando-nos a esperar que o objeto seque e cicatrize, sob pena de vê-lo quebrar-se novamente se formos muito impacientes, o *kintsugi* faz o elogio da lentidão (SANTINI, 2019, 127).

Kintsugi (金継ぎ) refere-se à arte japonesa de reparar peças quebradas com ouro, fazendo com que delas emerja uma nova estética: remendar com ouro ou *kintsukuroi*. Contudo, a *kintsugi* transcende o conceito de perfeição e beleza após experienciar a dureza da vida, representando as marcas de ouro como traços de memória.

Na arte do *kintsugi*, a cerâmica tem suas partes quebradas reparadas com ouro, tornando-a única e mais bela que antes. As linhas de ouro visíveis expressam as imperfeições em vez de buscar escondê-las (RUVALCABA, 2018). O *kintsugi* está associado ao movimento estético do *wabi-sabi*: a "não mente", o desapego, a aceitação da mudança e do destino como aspectos existenciais da vida humana. Aquilo que é chamado de "imperfeição", dada a parte quebrada e/ou faltante, ganha uma nova conotação. O fenômeno de reparar é correlato ao renascer. E, como afirmado por Santini (2019, 42), "o reparo não só é visível, como é valorizado, sublinhado pelo ouro. O passado do objeto é assumido, ele se transfigura. O objeto torna-se único, precioso, insubstituível".

> Antes de começar seu reparo, o mestre *kintsugi* monta serenamente o "quebra-cabeça" do objeto sob seus cuidados: justapõe cada peça, observa os encaixes e os buracos, avalia e antecipa as dificuldades de montagem, numera as peças e decide quanto à ordem em que vai proceder.
> Na vida, tal como na arte do *kintsugi*, cumpre às vezes deter-se em avaliar a situação, fazer-se as perguntas certas, reconstituir o "quebra-cabeça" de seu percurso. Essa etapa, portanto, consiste em tomar certa distância e aprender a se conhecer melhor: identificando os padrões repetitivos de sua vida, os problemas ou temas recorrentes, as crenças que o movem e às vezes o manipulam à sua revelia, você será capaz

de se desfazer de determinados bloqueios e passar então à etapa seguinte (SANTINI, 2019, 67).

A seguir, alguns métodos *kintsugi* na arte japonesa: *crack* – uso de pó de ouro e resina ou verniz para unir e juntar peças quebradas, sem ou com o mínimo de sobreposição ou preenchimento de peças faltantes; *piece* – quando uma cerâmica de substituição do fragmento não está disponível, a totalidade da adição é composto de ouro ou ouro e verniz; *chamada conjunta* – quando um fragmento de formato similar, mas não correspondente, é usado para substituir uma parte faltante da peça original, criando um efeito de retalhos.

> Mas sua aura vai muito além de suas propriedades. Luminoso, o ouro tem brilho do sol... De origem cósmica, sagrado, até mesmo divinizado, representa o conhecimento absoluto, a pureza, a espiritualidade e a perfeição.
> Pensemos por exemplo na medalha de ouro, que é a mais alta recompensa, na idade do ouro, que representa o sumo da civilização, no pomo de ouro, que é a fonte de todas as cobiças na mitologia, na auréola de ouro dos santos como símbolos, no anel de ouro dos contos de fadas e dos matrimônios, na coroa de ouro dos reis, que supostamente canaliza a energia divina, na foice de ouro dos druidas para cortar o visco sagrado, no tosão de ouro, na galinha dos ovos de ouro, nas experiências alquímicas, nas estátuas de ouro do budismo etc. (SANTINI, 2019, 181).

Interlocuções e discussão

As diferentes técnicas supramencionadas ensinam que podemos reparar nossas ações e atitudes de diversas formas.

Não existe um único caminho para reparar os fragmentos, sem ocultá-los. É o princípio de que, se existe ferida, ela deverá ser vista, acolhida e respeitada.

Atualmente, estamos acostumados a pensar que tudo o que se quebra deve ser substituído, aniquilado, ocultado e descartado. Valorizar os fragmentos, consertar, reciclar e usufruir do não perfeito é a máxima da arte do *kintsugi*. Sendo assim, destacamos a diferença entre aniquilar e destruir, apresentada por Perls, Hefferline e Goodman (1997, 148):

> Aniquilar é transformar em nada, rejeitar o objeto e suprimir sua existência. A Gestalt completa-se sem esse objeto. Destruir (desestruturar) é a demolição de um todo em fragmentos, para assimilá-los como partes num novo todo. Primordialmente, a aniquilação é uma resposta defensiva à dor, à invasão do corpo ou ao perigo. Na evitação e na fuga, o animal retira-se do campo doloroso; ao matar, ele remove "friamente" o objeto ofensivo do campo.

Aniquilar, portanto, caminha na direção contrária da influência da arte do *kintsugi*, sabendo que a beleza da arte japonesa valoriza a destruição, a reparação e a valorização do percurso. Dessa forma, quebras, erros, atenção para feridas e valorização da trajetória são considerados como parte do amadurecimento de todo ser humano. Fukumitsu (2019) inspirou-se na técnica japonesa para criar o processo de "extrair flor de pedra":

> Inspirado na técnica japonesa *kintsugi*, o termo "extrair flor de pedra" foi elaborado para se referir ao processo de se resgatar os fragmentos que são feitos em nossa existência e

para auxiliar as pessoas na compreensão de que devemos suspender as ideias de sermos perfeccionistas. E pela alternância entre separar, discriminar, eliminar o que é tóxico, ficar com o que é nutritivo e unir as peças antes fragmentadas, é que a construção da morada existencial acontece (FUKUMITSU, 2019, 190).

É preciso continuar a viver para se manter vivo; sendo assim, toda trajetória de uma pessoa é uma peregrinação em busca de ressignificações sobre os eventos que lhe acontecem, bons ou maus. Trata-se, portanto, de ocasiões sobre as quais não temos o mínimo controle, mas que precisaremos enfrentar.

Cabe a nós, em situações de adversidade, ampliar as possibilidades existenciais para que possamos descobrir novos horizontes e, partir daí, amadurecer. No livro *Gestalt-terapia explicada* (PERLS, 1977a, 67), aprendemos que "amadurecer significa assumir responsabilidade pela própria vida, de ser por si só". Nessa direção, pensamos que, apesar de considerar "ser por si só" um difícil exercício de desenvolvimento de autoaceitação de si e das situações que acontecem, a técnica *kintsugi* ensina que poderemos transformar as adversidades em oportunidades, desde que reparemos em nossos erros e valorizemos o percurso trilhado.

> Como podemos extrair flor de pedra? Às vezes não fazendo nada, às vezes fazendo o novo e ousando fazer diferente. Extrair flor de pedra significa potencializar os próprios ajustamentos criativos... Extrair flor de pedra também significa se atualizar: o que ontem foi necessário e imprescindível, hoje não o é mais... Quando se extrai flor de pedra, a vida se modifica e se direciona para que a pessoa possa, além de

sobreviver ao sofrimento dilacerante, perseverar (FUKUMITSU, 2019, 193).

Há de se pensar em cada momento como o instante preciso e precioso para se aprender a partir dos erros, fragmentos e fissuras, sem ocultá-los. A técnica *kintsugi* motiva a revisitar nossas condutas e a concentrar a plena atenção no que nos acontece, sabendo que muitas das nossas atitudes não conseguirão ser retomadas, mas poderão assumir nova direção, desde que valorizemos a noção de que fazemos o que podemos fazer; sentimos o que podemos sentir; pensamos o que podemos pensar; sobretudo, vivemos como podemos viver.

> Revisitei minhas cicatrizes:
> Como eu as curei?
> Com quantas lágrimas
> foram regeneradas?
> E quantas escuridões
> foram necessárias?
> Minha história de vida.
> É o meu lar,
> decorado de cicatrizes.
> E fiz, dela,
> a quintessência
> dos meus recursos terapêuticos
> (YANO, 2020, poema "Cicatrizes").

Na citação supramencionada, Yano fala sobre cicatrizes, provas empíricas da efemeridade da vida, do mesmo modo que Fukumitsu (2019, 78) pontua: "Assim como nossas feridas físicas, nossas feridas existenciais também cicatrizam. As cicatrizes são as provas reais de que nossas feridas podem ser cuidadas.

É preciso estar aberto às possibilidades e estar atento para as responsabilidades de se viver".

Dessa maneira, realizamos o convite para que você se perdoe quando não conseguir perfeição em seus atos, busque reparações, observando a ferida que se abriu, e valorize o caminho que pode percorrer, pois ele é único e é apenas seu. Sua trajetória, percurso e trilha existencial devem ser honrados.

Um mimo-lembrete para você:

Suas marcas de dor são os melhores recursos para que você diga diariamente para si mesmo: "Eu sou importante e me importo com minha existência".

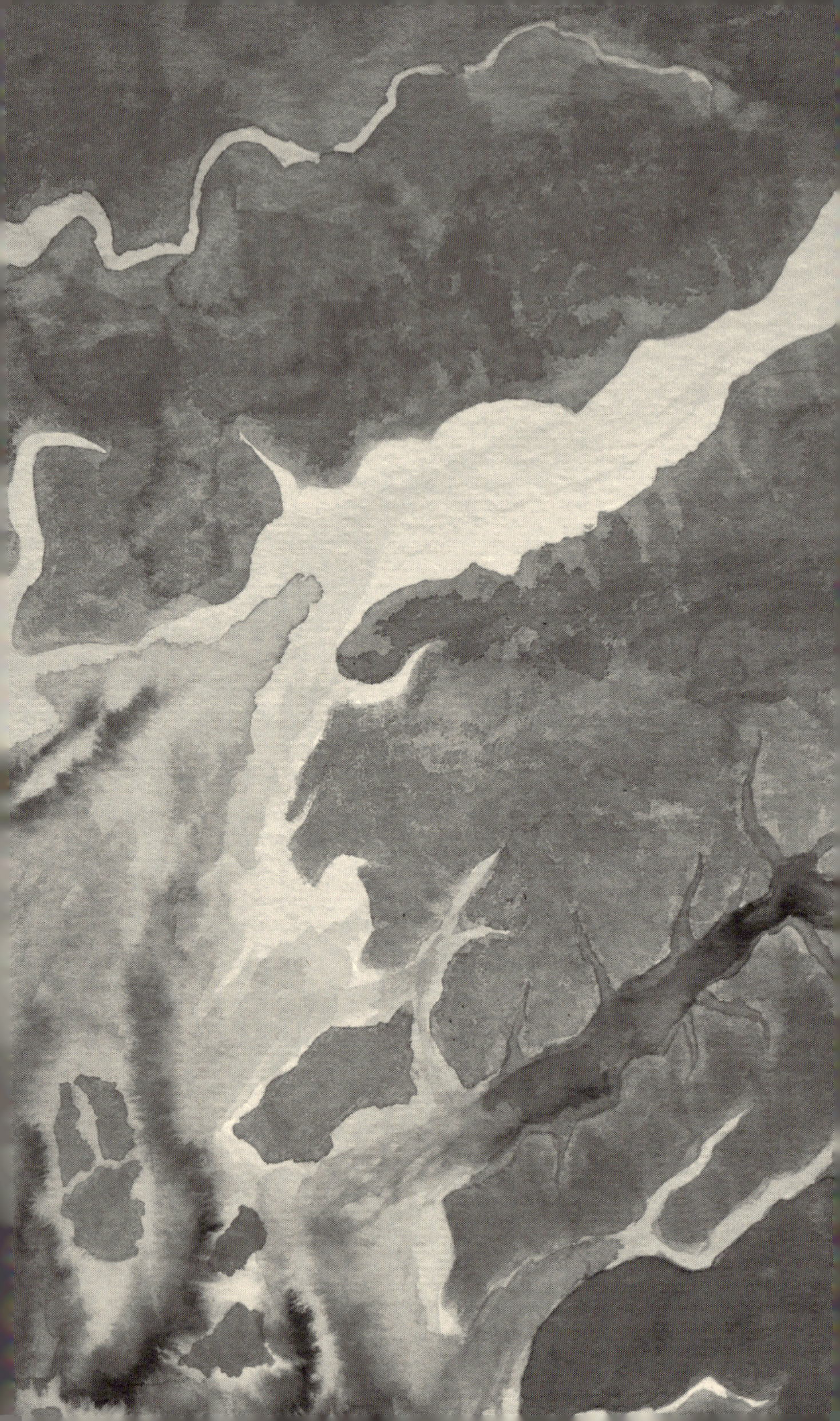

CAPÍTULO 9

MOTTAINAI
UM OLHAR SOBRE O DESPERDÍCIO

Mottainai tem relação com o desperdício das coisas, seja de origem animal, vegetal ou existencial. Uma vez que houve empenho, no ponto de vista ecológico, para que algum fenômeno se apresente a nós, torna-se um desperdício não o aproveitar.

> Vida-morte é de suprema importância.
> Tempo rapidamente se esvai e oportunidade se perde.
> Cada um deve esforçar-se por despertar.
> Cuidado! Não desperdice esta vida
> (COEN, 2018, 61).

O conceito *mottainai* possui origem nas filosofias zen-budistas e no xintoísmo. Partimos de uma ideia de holismo relacional: a exemplo do conceito *itadakimasu*, em que recebo em reverência os esforços e sacrifícios de vidas que aqui foram feitos, *mottainai* é uma expressão de alerta sobre o desperdício de vidas, esforços e existências e sobre o desrespeito à ecologia.

Interlocuções e discussão

O *mottanai* existencial tem relação com os desperdícios que nos autorizamos e que ficam mais claros quando enfrentamos conflitos interpessoais e nos damos a chance de olhar para o que é importante e significativo e, então, o valorizamos. Fukumitsu (2019, 252) aborda esse conceito em seu livro *A vida não é do jeito que a gente quer*:

> "Mottainai" é uma palavra japonesa utilizada em vários contextos e o significado mais representativo seria "que desperdício!". Revela uma atitude de não desperdiçar nenhum tipo de produto. Utilizo-a normalmente quando quero me referir ao desperdício do potencial de alguns dos meus clientes, e também quando desejo salientar a desvalorização das virtudes de uma pessoa e enfatizar o respeito pela essência das situações. Portanto, utilizo o termo para que a pessoa a quem direciono esta fala reflita sobre questões de desperdício e para que possa se sentir convidada a ter uma nova visão sobre sua vida e sobre suas ações para com o mundo. Pelo pouco que sei da língua japonesa, não há uma tradução exata para outras línguas: "Mottai" significa a essência ou real valor de alguma coisa e o negativo "nai" significa "não".

Muitas vezes nos desentendemos com outros a quem amamos e nos questionamos se de fato estamos certos ou errados em relação aos nossos entendimentos, sentimentos, reações e direcionamentos. Ou seja, percebemos cada desarmonia relacional de uma forma diferente e, quando os afetos se tornam desafetos, é comum que a reflexão sobre nossa maneira de nos relacionar seja foco de atenção. No entanto, a cada desilusão, decepção e frustração em relação ao outro, passamos a questionar nossa importância e validação existencial. Lembramo-nos de pessoas que muitas vezes, em situações de decepção, se autoacusam de ser "idiotas", "burras" ou ingênuas por acreditarem nos outros. É exatamente sobre a invalidação que desejamos chamar a atenção.

Toda reflexão se faz importante, mas o que queremos pontuar é o fato de que reflexões que se tornam autoacusações podem despertar o desperdício de um ser humano. Explicamos.

A reflexão relacional é importante, pois oferta ponderação de nossas atitudes e promove mudanças na nossa maneira de ser e de nos relacionar com os outros. Porém, a expectativa de que os outros possam ter o mesmo nível de reflexão e que também assumirão a nossa mudança e transformação é ledo engano. Não se muda ninguém a não ser que o outro queira mudar o próprio padrão disfuncional. Sendo assim, o dever de mudança existencial é prática diária que diz respeito à necessidade de transformação daquele que deseja modificar seus padrões de conduta. Dessa forma, torna-se importante empreender energias para a própria modificação. Nesse sentido, não desperdiçar implica direcionar energias em prol do processo de mudança pessoal; significa não nos autorizarmos a ser "resto" nem "sobras" de relações disfuncionais, tampouco nos permitirmos ser colocados em lugares nos quais somos desqualificados e humilhados.

Não desperdiçar a existência significa ir além da necessidade utópica de se ter controle e se autorizar a fazer valer a pena. Como Fukumitsu menciona:

> Viva! Valeu a pena, porque eu: amei todos que amo; brinquei todas as brincadeiras; chorei todo meu choro; odiei todos e tudo o que mereceu ser odiado; cuidei de todos e tudo o que mereceu ser cuidado; falei tudo o que precisou ser falado; comi todos os sabores que gosto; cheirei todos os bons cheiros; olhei as maiores belezas ao meu alcance; com meus olhos, li os melhores livros; ouvi as melhores músicas e dizeres; toquei o meu próprio coração com minha dor e os corações de outras pessoas com minha história; por tudo isso e um pouquinho mais, minha vida e existência não foram em vão. Um brinde à vida e aos relacionamentos amorosos.

Desenvolvidos. Elegantemente. Mantidos. Se não for agora, com certeza morrerei algum dia, mas só por hoje, viverei... (FUKUMITSU, 2019, 276-277).

Um mimo-lembrete para você:

Não se desperdice e não permita que ninguém faça com que você se sinta inútil.

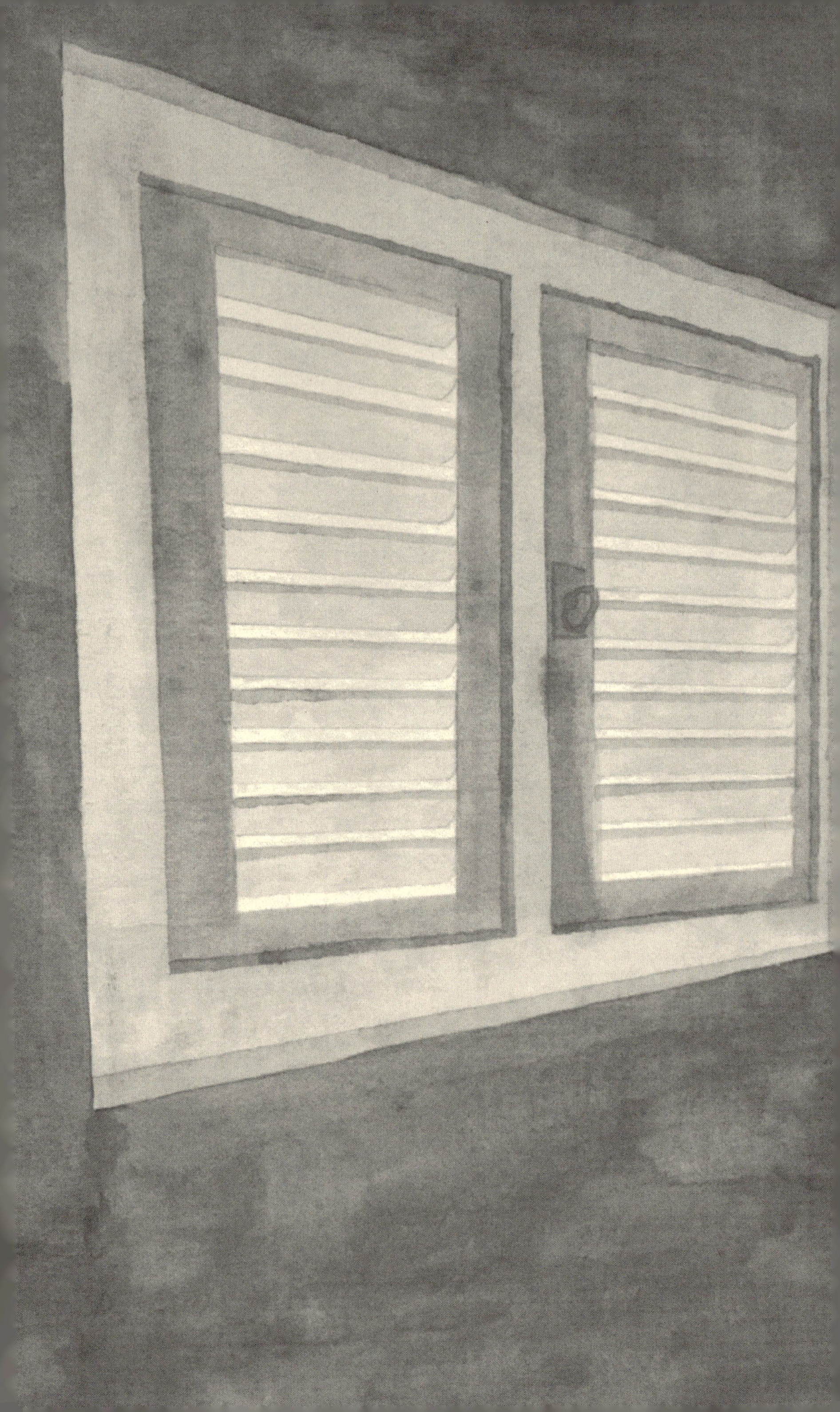

CAPÍTULO 10

SHŌGANAI
O ACOLHIMENTO DAQUILO QUE NÃO SE PODE EVITAR

> Maturidade é ter a capacidade de viver em paz com o que não se pode mudar (autor desconhecido).

Shōganai (仕様がない) refere-se a não buscar especificações para uma situação, quando não há o que fazer para modificá-la (SHINMURA, 2018). Trata-se do conceito de compreender aquilo que não se pode evitar e, diante das coisas inevitáveis, dar-se conta de nossa impossibilidade de controle total e de se desapegar para seguir adiante, reverenciando a possibilidade de retorno e acolhimento. Um exemplo de *shōganai* é perceptível na tradução da oração da Gestalt (PERLS, 1977b, 68, trad. Luciane Patrícia Yano), a seguir:

> Eu vivo por mim.
> Você vive por você.
> Não estou aqui para viver de acordo com suas expectativas.
> E, você também, não está aqui para atender às minhas.
> Eu sou eu.
> Você é você.
> E, se por um acaso, nos encontrarmos, será maravilhoso.
> Mas se não nos encontrarmos, também assim o será.

Interlocuções e discussão

A vida não é do jeito que a gente quer – este é o título do livro de Fukumitsu (2019), que escreveu sobre seu convalescimento em virtude de uma inflamação cerebral. Quando nos deparamos com situações incontroláveis e que nos avassalam, causando feridas imensuráveis, podemos ao menos tentar não as explicar nem buscar culpados, mas sim sobreviver ou viver apesar do sofrimento.

Nunca teremos previsibilidade dos acontecimentos, pois não possuímos bolas de cristal para prever o futuro. No entanto, é comum, por instinto de sobrevivência, antecipamos situações das quais imaginamos que não daremos conta, afinal, nenhum ser humano gosta de ser colocado em circunstâncias desconfortáveis ou que furtam sua segurança.

Então, você pode estar se perguntando: como viver sem melindres? Respondemos que não há possibilidade de não sentir medo, mas devemos dosar a maneira como sentimos nossas emoções em relação aos medos, mensurando e tentando discriminar se de fato são medos "reais" ou "imaginários". Dessa forma, recorremos ao *Dicionário On-line de Português* para definir duas palavras importantes nesta reflexão:

> Antecipação: Ação de antecipar, de fazer alguma coisa de antemão, antecipadamente; adiantamento, previsão.
> Catastrófica: Que tem o caráter de catástrofe (DICIONÁRIO ON-LINE DE PORTUGUÊS, 2023).

Toda antecipação tem o objetivo de assegurar ao ser humano que não sofra. Quando a imaginação provoca o sofrimento antecipado de que sofreremos, o resultado é o medo. Sendo assim, o medo está diretamente relacionado com a falta de controle. Certas situações são incontroláveis e fazem com que procuremos um abrigo em busca de segurança. No entanto, é possível que o medo e a antecipação catastrófica promovam a "dor de ideia", expressão cunhada por Rubem Alves (2011, 121):

> Dor de ideia dói muito. São dores de ideia a ideia de perder o emprego, a ideia de ser feio, a ideia de ser burro, a ideia de que o filho vai morrer num desastre, a ideia de que Deus vai mandá-lo para o inferno, a ideia de que quem você ama vai traí-lo. Dores de ideia são terríveis: causam ansiedade, pânico, insônia, diarreia.

Portanto, perguntamos para que você possa refletir: sua imaginação é fértil? Sua imaginação está sempre correta? Quais foram as antecipações catastróficas que se concretizaram? Se sua resposta for "sim" para as duas primeiras questões, pedimos que pense que nem toda "dor de ideia" se concretizará.

Se não é possível ter o controle das ocasiões que podem se tornar perturbadoras, existe a capacidade de contrabalancear o medo do incontrolável acreditando que estamos aptos a fazer o nosso melhor. A reverência à possibilidade de retornar e o acolhimento são dois recursos poderosos na habilidade de enfrentar o incontrolável. Explicamos. Como não temos a previsibilidade do que nos acontecerá, podemos lidar com a ideia de que faremos nosso melhor e o possível para que as situações tenham desfechos favoráveis e, caso não terminem como esperávamos, teremos a chance de fazer de novo, reparar os erros, nos perdoar e acolher quando a reparação não for possível. Nesse sentido, *shōganai* traz a constatação de que, quando não há o que fazer, devemos abrir mão do controle e apenas viver conforme o fluxo daquilo que a vida nos apresenta, acreditando que nada é por acaso e que, se aceitarmos o que a vida nos traz, não com conformidade, mas com a ciência de que, embora a situação traga sofrimento, podemos sobreviver a ela, nos ofertaremos chances para continuar.

> Ser elegante é continuar a ter forças para sobrepujar o medo e, apesar desse medo, continuar. Tudo é inerente ao ser humano, inclusive o sofrimento. Como super-heróis, queremos somente conquistas e vitórias, mas devemos compreender que a vida é um entrelaçamento de dor, amor, sofrimento, cuidado, ternura, beleza e feiura (FUKUMITSU, 2019, 20).

Caso a perturbação causada pela sua imaginação persistir, imagine-se falando para si: "Por enquanto não há nada de errado. É apenas uma *pré-ocupação*". Busque maneiras para diminuir o ruído que sua mente está provocando em sua cabeça e persevere, apesar de a vida não ser do jeito que você quer. E, lembrando uma frase de um autor desconhecido: "Não tente andar de barco onde não há água".

Um mimo-lembrete para você:

Embora a situação traga sofrimento,
oferte-se chances para continuar.

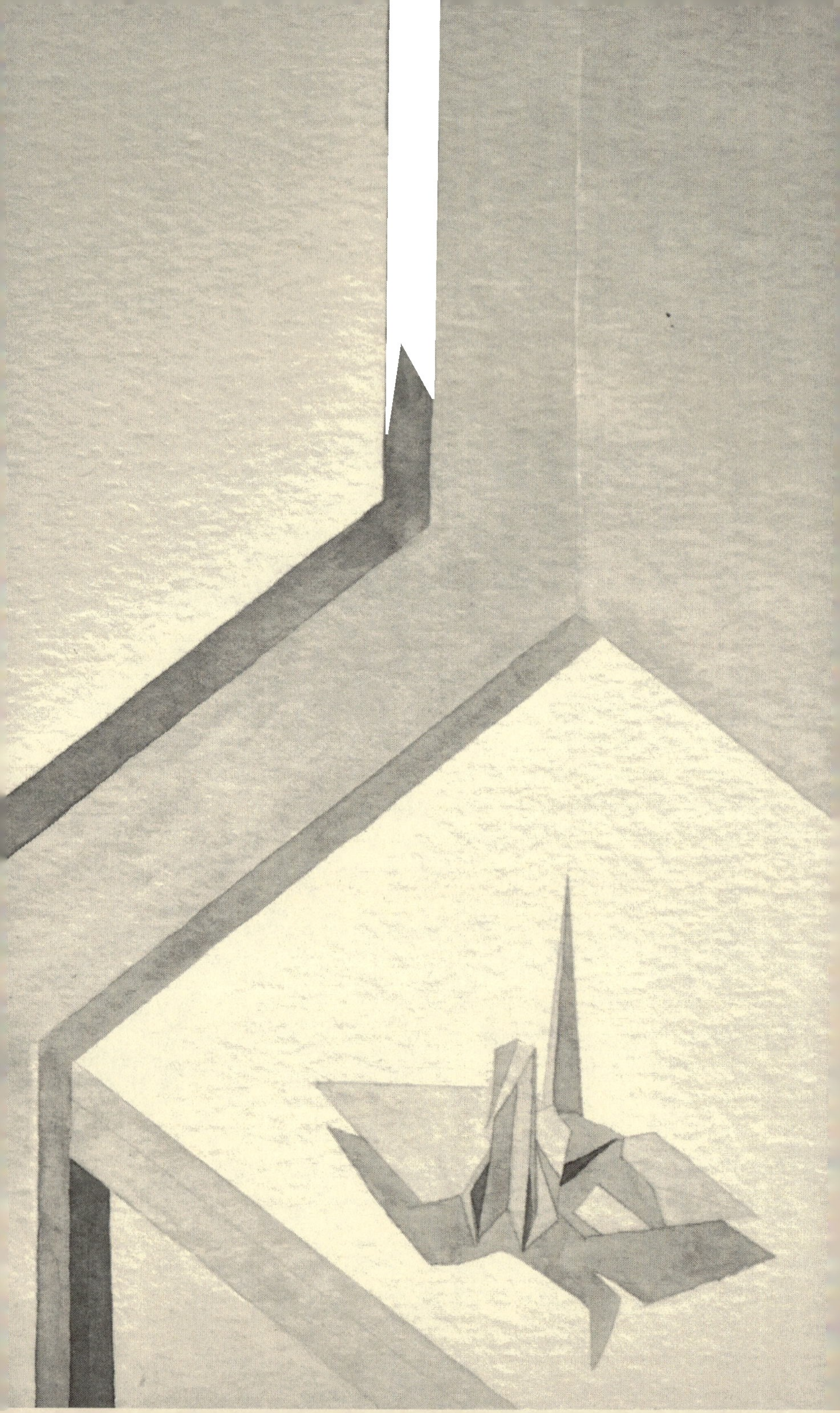

CAPÍTULO 11

TSURUS
A HISTÓRIA DOS ORIGAMIS DE SADAKO

> 折鶴の 折り目の美しき（はしき） 原爆忌 (Toyoko Watanabe).
> Dobradura de garça, Na beleza dos traços: a Bomba atômica.
> (LEITE; GOMES; YANO, 2020, 4).

A *tsuru* é a representação da garça feita em origami (dobraduras de papel) e simboliza a paz e a realização dos sonhos, popularizada na história de Sadako e de seus mil *tsurus*, ou mil dobraduras de garças, tornando-se um caminho para a mensagem de paz e realizações.

A história de Sadako está ambientada no contexto em que foi lançada a bomba atômica, durante a Segunda Guerra Mundial, na cidade de Hiroshima, no Japão. No dia 6 de agosto de 1945, às 8h10, Sadako e seu irmão Masahiro brincavam após terem terminado seu café da manhã. Logo em seguida, viram uma luz muito brilhante e, depois, ouviram um estrondo. Sadako, muito assustada, escutou a voz de sua mãe, que a procurava. A mãe de Sadako carregou ela e o seu irmão Masahiro no colo e foi para fora de casa. Aterrorizada, viu a destruição e o sofrimento: chamas, pessoas gritando, total destruição. Ao menos eles haviam sobrevivido!

Em 1954, nove anos após o fim da Segunda Guerra Mundial, Sadako era uma estudante do Ensino Fundamental, aparentemente normal e saudável. Contudo, no início das férias de inverno, ela sentiu-se cansada e pesada, e seu pescoço estava inchado. A mãe de Sadako a levou ao médico, que disse: "Ela tem a doença da Bomba-A e precisa ser atendida com urgência, no hospital da Cruz Vermelha". Sadako foi hospitalizada, iniciando o seu tratamento. Um dia, no início do mês de agosto, uma enfermeira entrou no quarto de Sadako com mil *tsurus* de *origamis*, que haviam sido dobrados por estudantes do Ensino Médio da cidade de Nagoya, e contou que eles representavam sorte e realização de sonhos. Sadako perguntou se, ao dobrar mil *tsurus*, o seu desejo poderia se realizar. "Creio que sim", respondeu a enfermeira. Sadako, então, começou a dobrar *tsurus* com suas colegas de escola que a visitavam no hospital. Mesmo quando estava exausta, ela seguia dobrando os *origamis*.

Com a aproximação do inverno, a saúde de Sadako se deteriorou. Sua mãe preparou um chá e molhou, delicadamente, os lábios de Sadako com ele. Sadako morreu no dia 25 de outubro de 1955, aos 12 anos de idade. Uma caixa perto de seu travesseiro continha várias dobraduras, menores que seus dedos.

Os colegas da escola de Sadako foram às ruas pedir doações para a construção de um memorial para as crianças vítimas da bomba atômica. E, em 1958, o Memorial da Paz das Crianças foi erguido dentro do Parque do Memorial da Paz, em Hiroshima. No monumento, os dizeres: "Estas são nossas lágrimas. Esta é nossa prece pela paz no mundo".

Com o memorial, a história de Sadako e das mil dobraduras de *tsurus* se espalhou. Na época, vivia-se a Guerra Fria e o risco constante de uma guerra atômica mundial. Em 1977, um jovem japonês foi à Mongólia e lá fez a dobradura de um *tsuru* para que as crianças pudessem ver e conhecer a história de Sadako. Um músico da Mongólia (Erkhembayar Myagmarjav) escutou a história e compôs uma canção chamada "Paper Cranes" – "garças de papel". Na mesma época, a escritora canadense Eleanor Coerr (1922-2010) publicou a obra *Sadako e as mil dobraduras de garças*, que se tornou popular nos Estados Unidos, tornando a história de Sadako e das mil garças de dobraduras um símbolo da paz no mundo. Em 1990, Camy Condon levou para uma escola de Ensino Fundamental, na cidade de Albuquerque, no estado do Novo México (EUA), uma boneca que simbolizava Sadako e as dobraduras de garças, feita por crianças japonesas. Camy e as crianças, então, tiveram a ideia de construir uma estátua que simbolizasse a paz e que fosse erguida próximo a Albuquerque, em Los Alamos, cidade onde as bombas atômicas que atingiram Hiroshima e Nagasaki haviam sido construídas. Contudo, pessoas na cidade de Los Alamos foram contra a ideia de uma estátua da paz, e, assim, em 1995, a estátua foi erguida no jardim do museu municipal de Albuquerque, reproduzindo a Terra e com a cidade de Hiroshima marcada com um *tsuru* dourado.

A história de Sadako repercutiu em outros países, como Rússia, Áustria, Espanha, Itália, França, Israel, Kuwait, Austrália... Atualmente, no memorial de Sadako no parque da paz em Hiroshima, pessoas do Japão e de outros países visitam o monumento, deixando lá, em um espaço para esse fim, suas mil garças em dobraduras, em homenagem a Sadako e como pedido de paz mundial.

Interlocuções e discussão

Finalizar uma obra mencionando o *origami* do *tsuru* significa falar sobre esperança e busca de paz, fontes que promovem a continuidade para que um ser humano possa reconstituir sua dignidade existencial.

> Uma lenda persa, cuja origem perde-se na noite dos tempos, conta que um rei pediu para um velho sábio da corte que gravasse em seu anel de ouro uma frase que finalizasse a verdade absoluta do mundo, uma frase tão justa que pudesse ser aplicada a todas as situações e a todas as épocas, uma frase que resumisse a vida: uma frase universal.

> O velho sábio entregou então ao rei um anel de ouro em cujo interior estava escrito: "Isso também passará" (SANTINI, 2019, 24).

Compreender que tudo passará não é dar falsas esperanças para quem se encontra descrente ou cético em relação à vida. Significa um apelo para situações aflitivas e que provocam desespero; um apelo em direção à vida que se torna sem sal e insossa quando perdemos o gosto de existir.

Compreender que tudo passará é dar crédito para que a vida – que muitas vezes não se comporta como esperamos e não é guiada por nossas expectativas – possa mostrar seu caminho.

Assim é a arte do *origami*. A cada dobradura precisa, uma nova abertura para outras dobraduras. Karina Okajima Fukumitsu, uma das autoras, é conhecida como "a educadora dos pés descalços" que entrega *tsurus* em seus cursos, palestras e lançamentos de livros; tudo o que faz envolve os pássaros, que representam paz e esperança. Diariamente faz origamis de *tsurus* e, quando é indagada sobre o motivo pelo qual não para de fazê-los, responde: "Mesmo quando não há o que fazer em situações desafiadoras, é preciso manter a cabeça ereta e levar paz e esperança em forma de *tsuru*". Coerente com a crença de que ter luz não tem nada que ver com brilhar, mas sim com iluminar, faz dos *tsurus* e da entrega às pessoas uma forma concreta de dizer: "Continue!".

De fato, somos pegos de surpresa com situações surreais e que não permitem desfrutarmos da serenidade almejada. Porém, precisamos pensar que talvez seja isso mesmo, sem tanta felicidade segura e sem amores eternos e seguros, mas um conjunto de momentos que nos permitam, aos poucos, desfrutar de seus sabores, ora amargos, ora doces.

Talvez o encantamento na vida possa acontecer quando abrimos mão daquilo que idealizamos como vida perfeita, passamos a aceitar a vida como ela se apresenta e vivemos cada experiência como uma lição. Um apanhado de lições e de aprendizagens... Um conjunto de ações e reações das quais cada ser pode se apossar e se apoderar para que desenvolva a própria história.

A história de Sadako inspira a acreditar que, apesar de toda guerra (externa e interna), somos capazes de chegar à reconciliação, apesar de tanta dor.

A história do Japão e de sua filosofia ensina que caímos, sofremos e, feridos, encontramos um caminho. Caminho esse do qual não conseguimos antecipar o final, mas cuja trajetória se faz com cada suspiro que damos, com cada lágrima que derramamos, com cada momento.

A paz talvez se encontre aí, bem no seu coração, em sua alma, que pedem calma, e na possibilidade de você ser quem é, respeitando-se e, amorosamente, se querendo bem.

Às vezes pedimos por força, vivemos situações nas quais precisamos aprender sobre nossa força e temos a grata surpresa de nos percebermos fortes.

Rogamos por beleza e somos lançados em ocasiões nas quais nos deparamos com a feiura para valorizarmos a beleza que habita em nós.

Buscamos por paz e enfrentamos as maiores batalhas para ampliarmos as possibilidades de serenar nossos corações e de encontrarmos nossa paz interior.

E o que desejamos para você, pessoa querida que nos acompanhou nesta interlocução da filosofia japonesa e da saúde existencial, é: capacidade para que, em vez de pensar que a saúde existencial será ofertada por algo ou alguém, você possa ter experiências que lhe fortaleçam o suficiente para que, um dia, fale para si mesma: "Eu sou a saúde que fortalece minha existência e minha missão existencial".

Um mimo-lembrete para você:

Respeite-se amorosamente, querendo-se bem.
O autorrespeito é requisito para o seu bem-estar.

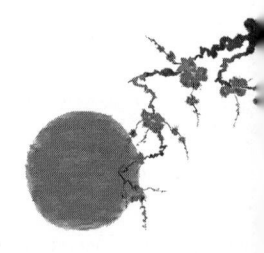

REFERÊNCIAS

Alves, R. *Palavras para desatar nós*. São Paulo: Papirus, 2011.

Blackstone, J.; Josipovic, Z. *Zen for Beginners*. New York: Writers and Readers, 1986.

Buscaglia, L. F. *A história de uma folha. Uma fábula para todas as idades*. Rio de Janeiro: Record, 1982.

Canal EntrePlanos. Hayao Miyazaki: A importância do vazio (M. Helder). *YouTube*, jul. 2020. Disponível em: <https://youtu.be/Kyp3YV2t0gQ>. Acesso em: 19 jul. 2023.

Coen, M. (Coord.). *Zazen. A prática essencial do Zen*. São Paulo: Comunidade Budista Zen do Brasil, 2018.

Cooper, T. M. The Wabi Sabi Way: Antidote for a Dualistic Culture? *Journal of Conscious Evolution*, v. 10, Iss. 10, article 4, 2018. Disponível em: <https://digitalcommons.ciis.edu/cejournal/vol10/iss10/4>. Acesso em: 23 jul. 2022.

Davies, R. J. *Japanese Culture. The Religious and Philosophical Foundations.* Clarendon: Tuttle Publishing, 2016.

Dicionário On-line de português. 2023. Disponível em: <https://www.dicio.com.br/>. Acesso em: 19 maio 2023.

Dicionário Priberam da Língua Portuguesa [online]. 2008-2021. Disponível em: <https://dicionario.priberam.org/teodiceia>. Acesso em: 4 out. 2021.

Epstein, M. *Going on Being. Life at the Crossroads Buddhism and Psychotherapy.* Boston: Wisdom Publication, 2001.

Evans, M. Shinto: An Experience of Being at Home in the World with Nature and with Others. *Masters Theses & Specialist Projects*, paper 1343, 2014. Disponível em: <http://digitalcommons.wku.edu/theses/1343>. Acesso em: 17 maio 2023.

Evans, R. *The Complete Guide to Writing Haiku.* Oklahoma: Smashwords Edition, 2015.

Fantz, R. D. *The Dreamer and the Dream. Essays and Reflections on Gestalt Therapy.* New York: GICPress, 1998.

Fujisawa, C. *Zen and Shinto. The Story of Japanese Philosophy.* Philosophical Lybrary. New York: Open Road Distribution, 1959.

Fukumitsu, K. O. A busca de sentido no processo de luto. Escuta, Zé Alguém. *Revista de Gestalt*, São Paulo: Instituto Sedes Sapientiae, 2014.

_____. *A vida não é do jeito que a gente quer.* São Paulo: Lobo, 2019.

_____. *Saúde existencial. EducaDores em busca dos recomeços de uma pura vida.* São Paulo: Loyola, 2022.

Galef, D. *Japanese Proverbs. Wit and Wisdom.* Tokyo: Tuttle Publishing, 1987.

García, H.; Miralles, F. *Ikigai. O segredo dos japoneses para uma vida longa e feliz.* Rio de Janeiro: Intrínseca, 2016.

Ginger, S.; Ginger, A. *Gestalt. Uma terapia do contato.* São Paulo: Summus, 1995.

HARTZ, P. R. *World Religions. Shinto*. New York: Chelsea House Publishers, 2009.

HERRIGEL, E. *O caminho Zen*. São Paulo: Pensamento, 2010.

HIROSE, C. *Pesquisa em cultura e educação. Uma investigação sobre a cerimônia do chá*. São Paulo: Factash, 2011.

IKISHI, M. O. A estética *wabi-sabi*. Complexidade e ambiguidade. *ARS*, São Paulo, v. 16, n. 32, jan./abr. 2018.

JUNIPER, A. *Wabi sabi. The Japanese art of impermanence*. Tokyo: Tuttle, 2003.

KAWANAMI, S. Itadakimasu e gochisousama deshita. *Japão em Foco*, 18 jun. 2013. Disponível em: <https://www.japaoemfoco.com/itadakimasu-e-gochisosama-deshita-2/>. Acesso em: 19 nov. 2022.

KOREN, L. *The Beauty of Wabi Sabi. Original Story*. Apr. 23, 2013. Disponível em: <https://www.dailygood.org/story/418/the-beauty-of-wabi-sabi-leonard-koren/>. Acesso em: 19 nov. 2022.

_____. *Wabi-sabi for Artists, Designers, Poets and Philosophers*. Point Reyes: Imperfect, 2008.

LEITE, K.; GOMES, L.; YANO, L. P. *Retratos do Aqui-agora. A travessia das diversidades nas adversidades*. Rio Branco: Edufac, 2020. v. 3.

_____. *Retratos do Aqui e agora. O haicai como experimento*. Rio Branco: Edufac, 2018.

LU TONG, 790-835. Poem the Song of Tea. In: SOUTER, K. *The Tea Cyclopedia: A Celebration of the World's Favorite Drink*. New York: Simon & Schuster, 2013.

MATSUNAMI, K. (Ed.). *A Guide to the Japanese Buddhism*. Tokyo: Japan Buddhist Federation, 2004.

MCMAHAN, D. L.; BRAUN, E. (Ed.). *Meditation, Buddhism and Science*. UK: Oxford University Press, 2017.

MOGI, K. *Awakening your Ikigai. How the Japanese Wake Up to Joy and Purpose Everyday Life*. New York: The Experiment, 2018.

MOMOTAKE, M. *The Gestalt Path of the Mini Satori*. New York: GISF, 2018.

NHK. *Design Talks Plus. Everyday Beauty*. 24 jun. 2020. Disponível em: <https://www3.nhk.or.jp/nhkworld/en/tv/

designtalksplus/20200625/2046124/>. Acesso em: 18 maio 2023.

_____. *We, in the Time of Corona*. 15 mar. 2022. Disponível em: <https://www3.nhk.or.jp/nhkworld/en/tv/inthetimeofcorona/>. Acesso em: 18 maio 2023.

NIETZSCHE, F. *A gaia ciência*. Trad. de Paulo César Souza. São Paulo: Companhia das Letras, 1882/2001.

NIPÔNICA. Expressing the Spirit of Zen. *Discovering Japan. Special Feature*, n. 3. Ministry of Foreign Affairs of Japan, 2011.

OKAKURA, K. *O livro do chá*. São Paulo: Pensamento, 2013.

PERLS, F. S. *Gestalt-terapia explicada*. São Paulo: Summus, 1977a.

_____. Terapia de grupo *versus* terapia individual. In: PERLS, F. S. *Isto é Gestalt*. São Paulo: Summus, 1977b.

PERLS, F.; HEFFERLINE, R.; GOODMAN, P. *Gestalt-terapia*. São Paulo: Summus, 1997.

PICKEN, S. D. B. *Essentials of Shinto. An Analytical Guide to Principal Teachings. Resources in Asian Philosophy and Religion Charles Wei-Hsun Fu*. London: Greenwood Press, 1994.

PRUSINSKI, L. *Wabi-Sabi, Mono no Aware*, and *Ma*. Tracing Traditional Japanese Esthetics through Japanese History. *Studies on Asia*, series IV, v. 2, n. 1, March 2012.

REMEN, R. N.; ANDREAS, S. *Histórias que curam. Conversas sábias ao pé do fogão*. Trad. de Laura Teixeira Motta. São Paulo: Ágora, 1998.

RICE, J. *Behind the Japanese Mask. How to Understand the Japanese Culture and Work Successfully with it*. UK: How To Books Ltd., 2004.

ROGER, J. D. *Japanese Culture. The Religious and Philosophical Foundations*. USA: Tuttle Publishing, 2002.

RUVALCABA, L. *Finding Wabi Sabi See Perfection in Everything*. Oklahoma: Draft2Digital, 2018.

SANMI, S. *Chado The Way of Tea: A Japanese Tea Master's Almanac. Sen Shôshitsu XV Foreword*. USA: Tuttle Publishing, 2002.

SANTINI, C. *Kintsugi. A arte japonesa de encontrar força na imperfeição*. São Paulo: Planeta, 2019.

SCHNEIDER, K. J.; KRUG, O. T. *Existential Humanistic Theory. Theories of Psychology Series.* New York: APA, ²2010.

SCHOOL OF LIFE. *Leisure — art/architecture. Katsushika Hokusai.* 2020. Disponível em: <https://www.theschooloflife.com/thebookoflife/katsushika-hokusai/>. Acesso em: 23 jun. 2022.

SEN XV, S. *Vivência e sabedoria do chá.* São Paulo: T. A. Queiroz, ²1985.

SHINMURA, I. 広辞苑. 第七版 (普通版). Tokio: 岩波書店, 2018.

SINAY, S. *Gestalt for Beginners.* New York: Writers and Readers, 1997.

SOUTER, K. *The Tea Cyclopedia? A celebrating of the world's favorite drinks.* USA: Skyhorse Publishing, 2003.

STEVENS, E. *Finding your Ikigai. A Beginner's Guide to Seeking Your Purpose in Life.* Wyoming: Eternal Spiral Books, 2018.

SUZUKI, D. T. *An Introduction to Zen Buddhism.* New York: Grove Press, 1964.

_____. *Zen and Japanese Culture.* New York: Princeton University Press, 1959.

TARRANT, J. *The Koan Mu. Boundless Way Zen.* October, 18, 1997. Disponível em: <http://www.thezensite.com/ZenTeachings/Teishos/Tarrant_koan_mu.html>. Acesso em: 19 nov. 2022.

TOBIN, S. A. Dizer adeus. In: PERLS, F. S. *Isto é Gestalt.* São Paulo: Summus, 1977.

UMINO, D.; KARINO, F. *Paper Crane Journey. Carrying Sadako's Prayer.* Hiroshima: PHP Kenkyujyo, 2003. (PHP 研究所).

YAMAMOTO, Y. *Kami no Michi. The Way of Kami. The Life and thought of a Shinto Priest.* Illinois: Tsubaki American Publications, 1999.

YANO, L. P. *Lar nos descaminhos. Textos da iluminação.* Rio Branco: EAC, 2020.

ZIMMERMAN, M. E. *Heidegger, Buddhism, and Deep Ecology.* New York: Cambridge University Press, 2006.

Edições Loyola

editoração impressão acabamento
Rua 1822 n° 341 – Ipiranga
04216-000 São Paulo, SP
T 55 11 3385 8500/8501, 2063 4275
www.loyola.com.br